Mary Ellen

Geranien & Kaffeesatz

Aus dem Amerikanischen
von Florian Widloff

Bearbeitet von Maren Feile

BASTEI
LÜBBE

BASTEI-LÜBBE-TASCHENBUCH
Band 66 048

Tips in diesem Buch wollen nur mögliche Problemlösungen vorschlagen. Autor und Verlag können deshalb keinen absoluten Erfolg garantieren. Beim Umgang mit feuergefährlichen Materialien empfehlen wir besondere Vorsicht.

1. Auflage Sept. 1982
2. Auflage Jan. 1983
3. Auflage Mai 1983
4. Auflage Sept. 1983
5. Auflage Okt. 1983
6. Auflage Nov. 1983
7. Auflage Dez. 1983

Published by arrangement with B. Lansky Books/Warner Books, Inc.,
New York, N. Y.

Lizenzausgabe: Gustav Lübbe Verlag GmbH,
Bergisch Gladbach
Printed in Western Germany 1983
Einbandgestaltung und Abbildungen: Josef Blaumeiser
Gesamtherstellung: Ebner Ulm
ISBN 3-404-66048-X

Der Preis dieses Bandes versteht sich einschließlich
der gesetzlichen Mehrwertsteuer

Einleitung

Geranien blühen noch schöner, wenn sie mit Kaffeesatz gedüngt werden. Kugelschreiber-Flecken kann man am besten mit Haarspray entfernen...

Wahrscheinlich haben auch Sie schon solche Ratschläge und Anregungen bekommen, von Freunden, Bekannten, Fachleuten oder Handwerkern und vielleicht notiert oder sich gemerkt.

Im entscheidenden Moment ist aber alles vergessen und der Zettel, auf dem der rettende Wink steht, nicht auffindbar.

Hier sind die besten Tips, von kritischen Hausfrauen und -männern getestet, zu einem Brevier zusammengestellt, das Ihnen den »Umgang« mit Ihrer Wohnung, Ihrem Garten, Ihren Kindern, Hunden oder Katzen – falls Sie sie haben – erleichtern soll.

Die empfohlenen Hilfsmittel sind altbewährt, preiswert und vor allen Dingen natürlich, d.h. auch umweltfreundlich. Bei Tips, die mehrere Empfehlungen für das gleiche Problem geben, sollten Sie immer zuerst die »sanftere« Methode versuchen, bevor Sie zur »härteren« übergehen.

Es lohnt sich z.B. die altbewährten Mittel, wie Salmiakgeist, Natron, Spiritus, Zitronensaft, Essig und Petroleum immer im Hause zu haben.

Gewußt wie? – dieser Millionen-Besteller aus den USA wird Ihnen helfen, viele kleinere und größere Probleme im weitgespannten Bereich des Haushalts – schnell und oft verblüffend einfach – zu lösen. Und der Humor kommt dabei auch nicht zu kurz.

Der Verlag

Inhalt

Wie kommt das Salz in den Kaffee?

Die besten Tips für die Küche

Wenn etwas versalzen ist

- Bei klaren Suppen, mehr Wasser hinein.
- Oder: Ein rohes Eiweiß in die Brühe quirlen. Das geronnene Eiweiß herausnehmen; denn es wird den größten Teil des Salzes aufgenommen haben.
- Bei gebundenen Suppen und Eintopf, rohe Kartoffeln hineinraspeln und aufkochen lassen.
- Viel frischgehackte Kräuter untermischen.
- Apfelessig und Zucker zu gleichen Teilen mischen und teelöffelweise ins Kochgut geben, bis das überschüssige Salz neutralisiert ist.

Wenn etwas zu süß geraten ist

- Ein Teelöffel Zitronensaft, evtl. auch Apfelessig, bindet den Zucker und rundet außerdem den Geschmack der Speise ab.

Eigengeschmack verstärken

- Süße Speisen schmecken besser mit einer Prise Salz und salzigen Gerichten oder Saucen gibt man eine Prise Zucker zu.

Die Soße ist zu dünn geraten

- Einen Teelöffel Mehl, evtl. auch Stärkemehl, in einer Tasse mit kaltem Wasser zu einem glatten Brei mischen und unter ständigem Rühren in die Soße einfließen und aufkochen lassen.
- Mit einem Schneebesen etwas Kartoffelpüree-Pulver einrühren.

Angebrannte Suppe

- Den Topfinhalt vorsichtig in einen anderen Topf umgießen. Der angebrannte Bodensatz muß zurückbleiben.

Die Soße ist zu blaß

- Wenn bei der Einbrenne das Mehl nicht braun genug geworden ist, kann man hinterher noch etwas »färben«, entweder
- man bräunt in einem Extratopf noch einmal Mehl mit wenig Fett sehr dunkel und gibt es zur Soße, oder
- man läßt Zucker, ebenfalls in einem gesonderten Topf, unter ständigem Rühren so dunkelbraun werden, daß er nicht mehr

süß ist und nun als »Couleur« für die Soße verwendet werden kann.

- Vielleicht hilft beim nächsten Mal ein Fertigprodukt für braune Soßen.
- Man kann auch einige Tropfen Soja-Sauce zum »Färben« nehmen, außerdem ist es noch eine vorzügliche Abrundung des Geschmacks.

Zuviel Fett in Soße, Suppe oder Eintopf

- Wenn es nicht eilt, Flüssigkeit kaltstellen und das dann erhärtete Fett von der Oberfläche abnehmen.
- Als Sofortmaßnahme Salatblätter in den Topf geben und gleich wieder herausnehmen, wenn das Fett daranhängt.
- Eiswürfel erfüllen den gleichen Zweck, nur muß man sehr schnell sein bei dieser Methode.
- Bei sehr fetthaltiger, gebundener Soße ein bißchen Natron hinzufügen.

Klitschiger Kartoffelbrei

- Trockenmilch- oder Püreepulver über den zu weichen Kartoffelbrei streuen, unterheben und er wird leicht und locker.

Die Buttercreme kann gerettet werden

- Sollte eine köstliche Buttercreme geronnen sein, so kann sie gerettet werden, wenn Sie die Rührschüssel auf einen Topf kochenden Wassers stellen. Die Butter wird wieder geschmeidig und die Creme glatt.

Baked potatoes

- Die ungeschälten Kartoffeln in Salzwasser 10 Minuten vorkochen, dann in der feuerfesten Form in den sehr heißen, vorgeheizten Ofen schieben.
- Wenn man einen Aluminium-Nagel durch die Kartoffel steckt, verkürzt sich die Garzeit im Rohr um etwa 15 Minuten.
- Schneiden Sie an den Enden jeweils ein Scheibchen ab und die Kartoffeln werden schneller gar.

Wie Fleisch zart wird

- Suppenfleisch: Einen Eßlöffel Essig ins Kochwasser geben.
- Zähes Bratenfleisch oder Wildbret: Bouillon und Essig zu gleichen Teilen aufkochen, abkühlen lassen und das Fleisch einige Stunden darin einlegen.
- Steak: Essig und Öl vermischen, über das Fleisch gießen und etwa zwei Stunden einziehen lassen. Öfter wenden.
- Geflügelfleisch vor dem Kochen oder Braten mit Zitronensaft beträufeln. Es wird dann noch zarter und saftiger.
- Altes Huhn: Einige Stunden vor dem Kochen in Essig einlegen. Es wird wie ein junges Hähnchen schmecken.

Keine Haut auf Soßen und Pudding

- Gleich nach dem Kochen geschmolzene Butter oder Sahne über Pudding oder Soße gießen. Umrühren und Haut oder Schaum werden verschwinden.
- Streuen Sie Zucker über die Speise, die frisch in die Schüssel gefüllt wurde, dann bildet sich keine Haut.

Milch aufkochen

- Topf vorher kalt ausspülen, dann brennt die Milch nicht an, weil die Albumine nicht gerinnen.

Weiße Soße auf Vorrat

- Vermischen Sie eine Tasse weicher Butter mit einer Tasse Mehl und streichen Sie die Mischung in einen Eiswürfelbehälter. Im Kühlfach erhärten lassen, und Sie haben anschließend eine handliche Menge Soßengrundlage zur Verfügung, wenn Sie die einzelnen, herausgelösten Würfel in einer Plastiktüte im Gefrierfach lagern. Für eine durchschnittlich dicke Soße gibt man einen Würfel in eine Tasse Milch und läßt beides zusammen, unter ständigem Rühren langsam aufkochen. Abschmecken!

Kein Überkochen mehr

- Etwas Butter oder Öl ins Wasser geben. Reis, Nudeln bzw. Spaghetti werden weder überkochen noch aneinanderkleben.

Reis im Schnellverfahren

- Etwas Öl im Kochtopf erhitzen, den gewaschenen Reis dazugeben und darin wenden, die doppelte Volumen-Menge kochendes Wasser dazugeben und kurz sprudelnd kochen lassen. Deckel drauf und bei niedrigster Hitze fertiggaren. Kein Anbrennen, kein Überkochen und alles Wasser wird aufgesogen.

Milchreis

- Milchreis schmeckt besonders gut und wird schön locker, wenn man kurz vor dem Anrichten den geschlagenen Schnee von einem oder zwei Eiweiß unterhebt.

Wie man Spritzen und Ansetzen vermeidet

- Beim Braten und Dünsten immer erst die Pfanne erhitzen, dann erst Butter oder Öl hineingeben. Nicht einmal Eier brennen dann an.
- Etwas Salz in die Pfanne geben, damit das Fett nicht spritzt.
- Beim Braten ein Metallsieb über die Pfanne stülpen. Dampf kann entweichen, Fett spritzt nicht heraus.
- Hackbraten setzt nicht an, wenn man ihn auf Speckscheiben legt.
- Wenn Brötchen beim Aufwärmen am Blech hängen bleiben, das heiße Blech auf ein naßes Tuch stellen und die Brötchen lassen sich leicht lösen.

Braten ohne Rauch

- Beim Braten eine feuerfeste, flache Schüssel mit Wasser unten in den Backofen stellen bevor die Bratreine eingeschoben wird. Das Wasser absorbiert Rauch und Fettdampf.
- Geben Sie ein Stück Brot mit in die Reine, damit das überschüssige Fett aufgesogen wird.

Fritieren

- Beim Herausbacken in schwimmendem Fett einen Teelöffel Essig zusetzen. Das Fritiergut saugt nicht so viel Fett auf und schmeckt dadurch nicht fettig.

Unangenehme Kochdünste vermeiden

- Geben Sie bei stark riechendem Gemüse einen Schuß Essig mit ins Kochwasser und lassen Sie in einem Extratopf gleichzeitig etwas Essig mit auf dem Herd kochen.
- Mischen Sie einige Teelöffel Zimt und Zucker zusammen und lassen Sie es in einem gesonderten Topf gleichzeitig mit auf dem Herd heiß werden. Der starke Zimtduft wird die anderen Kochdünste übertönen.
- Schützen Sie Ihr Haar vor unangenehmen Küchengerüchen mit einem festen Tuch oder einer Duschhaube.

»Hamburger« oder Frikadellen (Fleischpflanzerl)

- Beim Ausformen ein kleines Loch in die Mitte drücken. Das Fleisch wird schneller gar und nach dem Ausbraten sind die Löcher verschwunden.
- Besonders fein schmecken »Hamburger«, wenn Sie abgeriebene Zitronenschale dazugeben.

Wie Bratwürste nicht einschrumpfen

- Würste platzen nicht und schrumpfen weniger, wenn man sie vor dem Braten ungefähr 8 Minuten in heißem Wasser ziehen läßt.
- Vor dem Braten in Mehl wälzen.

Wie Aspik gut aus der Form geht

- Die Form mit kaltem Wasser ausspülen und dann mit Salatöl einpinseln, bevor der »Spiegel« und alles Weitere in die Form gelegt wird.
- Vor dem Auslösen Form kurz in heißes Wasser halten, dann auf die Platte stürzen. Ihr Aspik wird appetitanregend glänzen.

Schneiden klebriger Nahrungsmittel

- Vor dem Schneiden das ganze Stück einmehlen (z.B. rohe Leber).
- Das Messer in heißem Wasser vor dem Schneiden erwärmen (z.B. für hohe, lockere Torten oder weichen Käse etc.).

Frisches Brot oder frischer Kuchen glatt abgeschnitten

- Sie können schöne Scheiben abschneiden, wenn Sie das Messer vor jedem Schnitt in kaltes Wasser tauchen.

Guten Kaffee kochen

- Kaffeewasser immer frisch und kalt aufsetzen.
- Der Kaffee wird milder, wenn man eine Prise Salz mit in den Filter gibt.
- Eine kleine Prise Natron im Kaffeewasser steigert das Aroma, weil das Wasser dadurch enthärtet wird.
- Espressokaffee wird klarer, wenn man ihm zerkleinerte Schalen von rohen Eiern zufügt.
- Für nur eine schnelle Tasse Kaffee: einen gehäuften Teelöffel fein gemahlenen Kaffee in ein kleines Sieb geben und in die Tasse hängen. Kochendes Wasser darübergießen und so lange ziehen lassen, bis der Kaffee stark genug ist.
- Sparen Sie Zeit und Energie, indem Sie am Morgen schon die für den ganzen Tag benötigte Menge Kaffee kochen. In der Thermoskanne bleibt er 10 Stunden heiß.
- »Türkisch Mocca« selbstgemacht: man kocht gleiche Teile sehr, sehr feingemahlenen Kaffee und Zucker mit Wasser in einem kleinen Stieltopf auf und läßt das Gemisch 5 Minuten ziehen. Eine belebende Köstlichkeit. (Pro Portion: 1 Teelöffel Kaffee + 1 Teelöffel Zucker + 1 kleine Tasse Wasser.)

- Eiskaffee für heiße Tage: Extrakt aus löslichem Kaffeepulver (z.B. Nescafe) und heißem Wasser herstellen, so daß sich das Aroma voll entfalten kann. Nach dem Abkühlen mit kalter Milch auffüllen, Vanilleeis in Würfeln und evtl. Zucker hinzufügen. In hohen Gläsern servieren.

Guten Tee bereiten

- Aufguß- und Servierkanne vorher mit heißem Wasser wärmen.
- Teewasser frisch und kalt aufsetzen und nur kurz aufkochen lassen. Pro Tasse 1 Teelöffel Tee in die warme Aufgußkanne geben und mit sprudelnd kochendem Wasser übergießen. 4-5 Minuten – nicht mehr, nicht weniger!! – ziehen lassen und in die gewärmte Servierkanne durchseihen.
- Bei sehr hartem (kalkhaltigen) Leitungswasser Selterwasser für guten Tee verwenden.
- Weißer Kandis ist zum Süßen am besten geeignet, weil er den geringsten Eigengeschmack hat und das Teearoma nicht beeinflußt.
- Aufguß- und Teekanne nie mit Spülmittel reinigen, nur heiß ausspülen.
- Eistee stellt man aus einem Extrakt eines sehr aromatischen Tees her und gießt nach dem Abkühlen mit kaltem Wasser auf. Auch hier gilt: pro Glas ein Teelöffel Tee.

Keine Angst vor Muscheln oder Austern

- Nur garantiert frische Muscheln oder Austern verwenden!
- Testen Sie, ob die Schalen fest verschlossen sind. Dann sind sie frisch. Offene Schalen wegwerfen.
- Im gekochten Zustand sind die guten Muscheln geöffnet, die ungenießbaren verschlossen. Wegwerfen.
- Will man sie zubereiten, wasche man Muscheln, bzw. Austern sehr gründlich mehrmals in kaltem Wasser, entferne die Barten, lege sie in eine Plastiktüte und lasse sie etwa eine Stunde im Gefrierfach liegen. Danach lassen sie sich ganz einfach öffnen.

Wie zubereitete Früchte frisch bleiben

- Frisch geschnittene Äpfel, Birnen, Bananen etc. werden nicht unansehnlich und braun, wenn sie gleich mit Zitronensaft übergossen werden. Der Saft einer Zitrone reicht für etwa ein Kilo geschnittener Früchte.

- Oder übergießen Sie statt dessen die Früchte mit einem Sirup, der aus gleichen Teilen Wasser und Zucker gekocht wurde.
- Geschälte Früchte in Essigwasser legen und sie werden nicht braun.

Butter geschmeidig machen

- Zu harte Butter wird schnell streichfähig, wenn man eine heiße Pfanne kurz über die Butterdose stülpt.
- Braucht man weiche Butter für einen Teig, raspelt man sie in die Schüssel, und sie läßt sich sofort verrühren.

Wie kommt das Ketchup aus der Flasche

- Einen Trinkhalm bis auf den Flaschenboden stecken und wieder herausziehen. Die damit eingedrungene Luft ermöglicht leichtes Fließen.

Früchte enthäuten

- Dünnhäutige Früchte, wie Tomaten oder Pfirsiche, lassen sich leicht schälen, wenn man sie in eine Schüssel legt und mit kochendem Wasser überbrüht.
- Wenn man eine Gasflamme zur Verfügung hat, kann man die zu schälenden Früchte auch auf eine Gabel stecken und über die Flamme halten bis die Haut platzt. Die Haut läßt sich dann leicht abziehen.

Früchte nachreifen

- Legen Sie Tomaten mit dem Stiel nach oben an einen warmen, hellen Platz, der aber kein direktes Sonnenlicht bekommt.
- Grüne Bananen – und auch Tomaten – reifen gut nach, wenn man sie in ein feuchtes Tuch wickelt und dann in Papier einschlägt.
- Avocados bettet man zum Nachreifen in Mehl.

Wenn Zucker oder Salz steinhart geworden sind

- Wenn es schnell gehen muß, zerkleinern Sie die benötigte Menge auf einem Reibeisen.

- Ein Stück frisches Brot (bei Zucker) in die Packung geben und fest verschließen. Nach einigen Stunden ist der Zucker wieder gebrauchsfertig.
- Wenn brauner Zucker hart geworden ist, legt man ihn in einen Bratentopf, stellt eine Tasse Wasser mit hinein, deckt ihn zu und stellt den Topf bei geringer Temperatur einige Zeit in den Backofen. Der Zucker wird wieder verwendungsfähig.

Salzklumpen vermeiden

- Den Salzstreuer mit einen Stück Alufolie abdecken, damit keine feuchte Luft eindringen kann.
- Um Klumpen zu verhindern, kann man 5 bis 10 Reiskörner mit in den Salzstreuer geben.

Wenn ein Korkenzieher fehlt

- Lassen Sie heißes Wasser über den Flaschenhals laufen. Die erwärmte Luft unter dem Korken drückt diesen heraus.

Brot oder Semmel auftauen

- Legen Sie Brot oder Semmel in einer Papiertüte 5 Minuten lang in einen mit 160° vorgeheizten Ofen und Sie haben es wie frisch gebacken zur Verfügung.

Welkes Gemüse/Salat

- Wenn Frischgemüse welk ist oder Flecken hat, zupft man die bräunlichen Blätter bzw. Ränder ab, kurz waschen, in ein feuchtes Tuch wickeln und etwa eine Stunde in den Kühlschrank legen.
- Welken Kopfsalat bekommt man wieder frisch, wenn man etwas Zitronensaft in eine Schüssel mit kaltem Wasser gibt und den Salat darin etwa eine halbe Stunde im Kühlschrank stehen läßt.
- Welker Feldsalat (Rapunzel, Nissl) wird in handwarmem Wasser wieder frisch.
- Sellerie wird wieder frisch, wenn man ihn in kaltes Wasser legt, dem man einige rohe Kartoffelschnitzel zugefügt hat.
- Welke Radieschen werden wieder frisch, wenn sie mit den Blättern statt den Knollen ins kalte Wasser gelegt werden.

Damit der Schlagrahm steif wird

- Sahne, Schüssel und Schneebesen bzw. Mixer vor dem Schlagen gut kühlen.
- Während des Schlagens die Schüssel in eine Schale mit Eis stellen.
- Ein Eiweiß hinzugeben, kühlen und dann schlagen.
- Wenn die Sahne dennoch nicht steif wird, langsam 3 – 4 Tropfen Zitronensaft hinzugeben.
- Wollen Sie die geschlagene Sahne etwas länger aufheben, geben Sie ein Steifmittel mit darunter.
- Wenn Sie verhindern wollen, daß beim Schlagen mit einem elektrischen Rührwerk die Sahne in der Gegend herumspritzt, dann schneiden Sie zwei Löcher in eine etwas dickere Plastikfolie (von einer Tragetüte), stecken die Stiele der Schneebesen hindurch und befestigen sie wieder an der Maschine. Die Folie deckt die Schüssel ab und es spritzt nicht.

Weiche Chips, Cornflakes oder Crackers

- Wenn Kartoffelchips nicht mehr knusprig sind, einige Minuten in den vorgeheizten Grill legen.
- Cornflakes und Crackers werden wieder knackig, wenn man sie auf einem Backblech einige Minuten im Backofen erhitzt.

Zwiebelschneiden ohne Tränen

- Fenster auf beim Zwiebelschneiden!
- Kaltes Wasser laufen lassen.
- Den Kopf nicht direkt über die Zwiebeln halten.
- Die geschälten Zwiebeln vor dem Schneiden unter fließendes Wasser halten.
- Tränen können sie fast vergessen, wenn Sie beim Schneiden einen Schluck Wasser im Mund behalten.

Schweinebraten

- Eine besonders knusprige Schwarte bekommt man, wenn man sie 5 – 10 Minuten vor Beendigung der Bratzeit mit Salzwasser bestreicht und scharf nachbrät.
- Statt Salzwasser kann man auch Bier nehmen.
- Oder mit Mehl bestäuben.

Salat

- Salatblätter immer nur unter fließendem Wasser kurz waschen, damit die Vitamine und Mineralstoffe nicht heraus gewaschen werden.
- Zubereitete Salatblätter, d.h. auch gemischten Salat und Marinade, bzw. Salatsoße getrennt servieren. Die Blätter bleiben frisch und man kann Reste im Kühlschrank leicht bis zur nächsten Mahlzeit aufheben, was bei schon angemachtem Salat schlecht gelingt.

Salatsoße

- Die Salatsoße bekommt einen besonders würzigen Geschmack, wenn man zuerst die kleingeschnittenen Zwiebeln in der Salatschüssel mit Öl verrührt und zerdrückt. Erst dann werden die anderen Zutaten beigegeben.

Hefeteig

- Wenn Sie eine Plastikschüssel mit einem Vakuumverschluß besitzen sollten, ist die sonst aufwendige Herstellung von Hefeteig sehr einfach. Man mischt sämtliche Zutaten in der Schüssel zu einem mittelfesten Teig, schließt die Schüssel mit dem Deckel luftdicht ab und stellt sie in ein mit heißem Wasser gefülltes Becken. Die Treibkraft der Hefe wird den Deckel öffnen. Wenn Sie den Deckel zweimal wieder aufgesetzt haben, ist der Hefeteig fertig und so locker wie nie zuvor.

Blumen- und Rosenkohl, Brokkoli

- Ein größeres Stück altes Brot, eingeschnitten und mit Essig beträufelt, ins Kochwasser geben und mitkochen lassen. Diese Methode ersetzt fast den Dunstabzug.
- Bei Blumenkohl ist auch ein Schuß Milch im Kochwasser von neutralisierender Wirkung, was den Geruch betrifft, eine Prise Zucker hält ihn weiß.
  Brokkoli – Strünke werden in der gleichen Zeit wie die Blume gar, wenn man sie vorher von unten nach oben wie ein X einschneidet.

Grüne Erbsen

- Frische Erbsen behalten beim Kochen ihre schöne grüne Farbe, wenn Sie in das Kochwasser ein Stück Würfelzucker geben.

Speck

- Will man Speckscheiben braten, taucht man sie kurz vorher in kaltes Wasser. Sie werfen sich dann nicht.
- Speck wird auch flach in der Pfanne bleiben, wenn man ihn während des Bratens mehrmals mit einer Gabel einsticht.
- Gefrorene Speckscheiben bekommt man leicht wieder auseinander, wenn man ein erwärmtes Pfannenmesser (Bratschaufel) zwischen die einzelnen Scheiben schiebt.

Kokosnüsse öffnen

- Mit einem spitzen Gegenstand (Korkenzieher oder Handbohrer) die Augen anbohren und die Kokosmilch herausfließen lassen.
- Wenn man die Schalen (zum Basteln für Kinder oder zum Musizieren) verwenden möchte, sägt man die Nuß in der Längsachse so ein, daß nur die Schale eingeschnitten ist. Mit einem Hammer schlägt man dann behutsam nacheinander auf beide Hälften und innen löst sich der Kern von der Schale.
- Wenn man das Fruchtfleisch möglichst großflächig herausnehmen möchte, schlägt man mit dem Hammer rundherum die Schale entzwei. Die Nuß ist zum Rohessen geeignet.
- Braucht man Kokosnuß zum Backen, für Füllungen u. ä., legt man sie 45 – 60 Minuten in den 175° heißen Backofen, bis die Schale zu brechen beginnt. Handwarm abkühlen lassen und den Rest der Schale mit dem Hammer abklopfen.

Kokosnüsse zerkleinern

- Für eine kleine Menge, auf der Raspel reiben.
- Für eine mittelgroße Menge, die geschälten Stücke in der Mandelmühle zermahlen.
- Für große Mengen, im Mixer ein Püree aus geschälten Nußstükken und Kokosmilch, bzw. einer anderen im Rezept angegebenen Flüssigkeit herstellen.

- Das Schälen der Kokosnüsse kann man durch einfaches Abschaben mit einem scharfen Messer oder mit einem Kartoffelschäler mit beweglicher Klinge besorgen.

Walnüsse schälen

- Wenn man die Walnüsse möglichst im Ganzen aus der Schale bekommen möchte, lege man sie 24 Stunden lang in handwarmes Wasser.

Eßkastanien schälen

- Für Füllungen schneidet man die Früchte an der flachen Seite mit einem Schälmesser kreuzweise ein und läßt sie etwa 10 Minuten mit Wasser bedeckt kochen. Abgießen, Schale und Haut lassen sich leicht mit dem Messer entfernen.
- Heiße Maroni sind schnell zum Naschen selber bereitet. An der flachen Seite einschneiden und in einer trocknen Pfanne bei geringer Temperatur rösten.

Paranüsse schälen

- Will man Paranüsse möglichst im Ganzen aus der Schale bekommen, friere man sie ein und knacke sie dann.
- Das Problem ist auch zu lösen, wenn man sie bei 175° etwa 15 Minuten lang in den Backofen schiebt.

Eierprobleme

- Frischetest: Frische Eier sehen rauh und kalkig aus, nicht frische dagegen glatt und glänzend (zum Backen oder Kochen verwenden)
- Noch ein Frischetest: Das Ei in kaltes Salzwasser legen. Sinkt es auf den Topfgrund, ist es frisch; schwimmt es auf der Oberfläche, wirft man es lieber weg.
- Eier mit einer Nadel am stumpfen Ende anpicken, dann platzen sie beim Kochen nicht.
- Einige Tropfen Essig können verhindern, daß sich verlorene (pochierte) Eier buchstäblich im Topf verlieren.
- Um festzustellen, ob ein Ei roh oder gekocht ist, läßt man es rasch auf der Tischfläche kreisen. Wenn es sich ruhig um die ei-

gene Achse dreht, ist es gekocht, wackelt es und kreist schlecht, dann ist es noch roh.

- Wenn man etwas Essig ins Wasser gibt, kann man selbst angeknackste Eier kochen, ohne daß das Eiweiß ausläuft.
- Um hartgekochte Eier zu bekommen, legt man sie angepickt in einen Topf mit kaltem Wasser, läßt sie aufkochen und dann 15 Min. zugedeckt stehen. Das heiße Wasser abgießen, den Topf etwas schütteln, daß die Eier leicht gegen den Topfrand schlagen und mit kaltem Wasser abschrecken und schälen.
- Hartgekochte Eier lassen sich leichter schälen, wenn Sie nicht zu kalt, sondern bei Zimmertemperatur aufgehoben werden.
- Wenn Eier in der Schachtel kleben, einfach die Schachtel naß machen und die Eier lassen sich leicht herausnehmen, ohne kaputt zu gehen.
- Eischnee wird besser steif bleiben, wenn man eine Prise Salz hinzutut.
- Den gleichen Effekt erzielt man, wenn man auf 7 – 8 Eiweiß etwa einen Teelöffel Zitronensaft gibt.
- Ein kleiner Trichter erleichtert das Trennen von Dotter und Eiweiß, indem man das Ei über dem Trichter öffnet. Das Eiweiß rinnt hindurch, während der Dotter hängen bleibt.

- Zum Backen sollte man nur mittlere bis größere Eier verwenden. Besonders große Eier können dazu führen, daß der Kuchen beim Abkühlen zusammenfällt.
- Um Eigelb mehrere Tage frisch zu halten, sollte man es mit Wasser bedeckt in einem Glas mit Schraubenverschluß im Kühlschrank aufheben.
- Eiweiß kann man in gefrorerem Zustand bis zu einem Jahr aufheben. Eine Tasse voll entspricht 7-8 Eiweiß. Für Weihnachtsplätzchen oder Baiser (Meringen, Schäumchen) gut geeignet.
- Für luftig-lockere Omeletts: Vor dem Eierschlagen eine Prise Stärkemehl hinzufügen.

Hackbraten

- Hackbraten wird besonders gut schmecken, wenn man das gut ausgedrückte Brot vorher in heißer Butter, mit Zwiebeln und Kräutern röstet und dann erst zu der Fleischmasse dazugibt und im Ofen brät.

Schwarzwurzeln

- Sie lassen sich sehr viel leichter schälen, wenn sie vorher mit kochendem Wasser übergossen wurden.

Kuchenteig

- Kuchenteig, der aus vielen Eiern und mit viel Fett hergestellt werden soll, bekommt man leicht und locker, wenn man statt der vollen Menge Mehl teilweise Stärkemehl nimmt.

Warmes Wasser

- Zwei Fliegen mit einer Klappe kann man schlagen, wenn man die Kochenergie ausnutzt und auf die Kochtöpfe statt der Deckel größere, mit Wasser gefüllte Töpfe stellt. Der Kochdampf erwärmt das Wasser für Ihren nachfolgenden Abwasch.

Bratfisch

- Der durchdringende Fischgeruch wird erheblich gemildert, wenn man dem Paniermehl etwas geriebenen Parmesankäse zugibt.

Knochenbrühe

- Lassen Sie die Knochen in heißem Fett vorher kräftig anbraten, dann bekommen Sie eine appetitliche Bräunung. Dann erst mit Wasser aufgießen und kochen.

Hefe

- Frische Hefe hält sich tagelang frisch, wenn Sie sie entweder
- in einem Glas mit Schraubverschluß oder
- in einem Gefäß mit Vakuumverschluß oder,
- wenn nichts anderes zur Hand ist, fest in Alufolie einwickeln und im Kühlschrank aufheben.

Leber/Nieren

- Will man frische Leber bzw. Nieren einige Stunden lang aufheben, legt man sie vollbedeckt in Milch und stellt sie zugedeckt in den Kühlschrank. Sie wird nicht hart und trocken.

Wirsingkohl

- Wenn man in der glücklichen Lage ist, selber Wirsing ernten zu können, hebt man ihn mit der Wurzel aus und steckt ihn in eine Kiste mit trockenem Sand in den Keller. So bleibt er sehr lange frisch.

Champignons in Scheiben

- Nehmen Sie den Eierschneider zum schnellen und sauberen Schneiden von rohen Champignons.

Toastbrot ohne Toaster

- Nehmen Sie die Herdplatte und legen eine Alufolie unter die Scheiben. Bei mittlerer Heizstufe rösten!

Der alte Schnee vom letzten Jahr

Die besten Tips zum Frischhalten von Nahrungsmitteln – und manches andere

Bananen

- Frisch geschälte Bananen gleich mit etwas Zitronensaft beträufeln, dann werden sie nicht braun und unansehnlich.
- Überreife Bananen kann man vor dem Vergehen retten, wenn man sie einfriert. Später läßt sich daraus vorzüglich Speiseeis zubereiten.
- Überreife Bananen eigenen sich auch gut zum Ausbacken in Butter. Mit Honig übergoßen, sind sie eine hervorragende Nachspeise.

Brot

- Brot bleibt länger frisch, wenn man es im Plastikbeutel im Kühlschrank aufhebt.
- Mit einem Stückchen Sellerie in der Brottüte, hält das Brot lang frisch.
- Ausgetrocknetes Brot kann man wieder frisch bekommen, wenn man es 24 Stunden lang in einem feuchten Tuch eingeschlagen in den Kühlschrank legt. Danach das Tuch entfernen und das Brot einige Minuten im vorgeheizten Ofen aufbacken.

Butter

- Butter verlängern: Man bekommt die doppelte Menge, wenn man 250 g Butter und eine Tasse Kondensmilch langsam miteinander verrührt, in eine Form füllt und tiefkühlt. Als »Halbfettbutter« gut zur Schlankheitsdiät geeignet.

Crackers

- Sie bleiben selbst bei feuchtestem Klima knusprig, wenn man sie in einen festverschlossenen Gefäß im Kühlschrank aufhebt.

Fisch und Krabben

- Gefrorenen Fisch in Milch auftauen. Die Milch zieht den Gefriergeschmack heraus und der Fisch schmeckt besser.
- Legen Sie Frischfisch vor dem Kochen kurze Zeit in Essigwasser, damit er fein und zart schmeckt.
- Krabben aus der Dose schmecken nicht nach Konserve, wenn man sie in etwas Sherry und zwei Eßlöffel Essig etwa 15 Minuten ziehen läßt.

Frische Eidotter

- Übriggebliebene Eidotter in eine Tasse gleiten lassen, kaltes Wasser darüberfüllen und in den Kühlschrank stellen. Die Dotter halten so einige Tage frisch, ohne daß sie austrocknen.

Fleisch

- Fleisch wird leichter und schneller braun, wenn es ganz trocken und das Bratfett sehr heiß ist.
- Will man panierte Hähnchen oder Teile davon braten, stelle man das fertig panierte Fleisch etwa eine Stunde in den Kühlschrank, dann hält die Panade besser.
- Zum Grillen von Geflügel die Flügel und Schenkel mit festem Baumwollgarn zusammenbinden.

Gemüse

- Übergießen Sie tiefgefrorenes Gemüse mit heißem Wasser, so daß alles Gefrierwasser fortgeschwemmt wird. Das Gemüse schmeckt dann besonders frisch.
- Eine neue Geschmacksnote bekommen Sie, wenn Sie Gemüse mal in Fleischbrühe statt in Wasser kochen.

Honig

- Wenn der Zucker nicht auskristallisieren soll, füllen Sie den Honig in kleine Plastikbehälter und frieren ihn ein. Das Auftauen geht schnell.
- Wenn der Honig bereits kristallisiert ist, kann man ihn vorsichtig im Wasserbad bis max. 40°C (Badethermometer) erwärmen, ohne daß er seine wertvollen Bestandteile verliert. Öfter umrühren.
- Honig nicht in Metallgefäßen aufbewahren. Glas eignet sich am besten dafür.

Kartoffeln

- Zu viele oder auf Vorrat geschälte Kartoffeln, lassen sich leicht 3 – 4 Tage im Kühlschrank aufbewahren, wenn man sie in einer verschließbaren Schüssel mit kaltem Wasser bedeckt, dem ein paar Tropfen Essig zugegeben sind, stehen läßt.

- Baked Potatoes kann man nochmals aufbacken, wenn man sie kurz in kaltes Wasser taucht und dann 20 Minuten in den 175°heißen Ofen schiebt.
- Damit Kartoffeln im Keller bei längerer Lagerung nicht faulen, ein Gefäß mit Kalk aufstellen.

Käse

- Käse hält sich ohne Austrocknen und Schimmelansatz, wenn er in einer luftdicht verschließbaren Kunststoffschachtel, die mit Pergament-(Butterbrot-)papier ausgelegt ist, im Kühlschrank gelagert wird.
- Wenn man keine solche Schachtel hat, wickelt man ihn in ein mit Essig befeuchtetes Tuch und hält ihn kühl.

Kekse, Plätzchen

- Zum Aufbewahren die Blechdose mit Pergamentpapier oder Papier-Küchentuch auslegen.
- Zum Erweichen von hart gewordenen Makronen, ein feuchtes Tuch zwischen Deckel und Dose spannen und schließen. Kühl stellen.
- Knuspriges Salzgebäck (Salzletten u.ä.) wie Crackers aufbewahren.

Knoblauch

- Knoblauch riecht weniger durchdringend, wenn man den grünen Sproß aus der Mitte der Zehe entfernt.
- Knoblauchzehen kann man gut im Tiefkühlfach aufbewahren, wenn sie in einer Plastiktüte fest verschlossen werden.
- Knoblauchzehen trocknen nicht aus, wenn man sie – geschält – in Salatöl legt. Wenn der Knoblauch aufgebraucht ist, ist das Öl besonders aromatisch und gut zur Zubereitung der Salatsoße geeignet.
- Man bekommt keine «Knoblauch-Hände«, wenn man das letzte Häutchen von der Zehe nicht entfernt, sondern mit der Zehe durchpreßt.
- Unangenehmer Knoblauch-Mundgeruch verschwindet fast ganz, wenn Sie nach einer herzhaften Knoblauchspeise ein Glas Milch trinken oder Schokolade essen.

Kuchen

- Zum Frischhalten einen halben Apfel in die Kuchendose legen.
- Am Kuchenanschnitt eine Scheibe frisches Brot mit Zahnstochern befestigen, dann wird er nicht austrocknen.
- Kuchenreste in Alufolie festverschlossen einwickeln und in den Kühlschrank stellen. Kein »Kühlschrankgeschmack«.

Küchenkräuter (Petersilie, Schnittlauch, Dill u.ä.)

- Damit sie frisch und schnittfest bleiben, in einem Glas mit weiter Öffnung und Schraubverschluß im Kühlschrank aufbewahren.
- Plastikbehälter mit Vakuumdeckel erfüllen den gleichen Zweck. Papier-Küchentuch einlegen.
- Petersilie läßt sich gut einfrieren, ohne daß sie an Geschmack verliert.

Mais

- Salziges Kochwasser macht den Mais zäh und hart.
- Ein Teelöffel Butter und eine Prise Zucker dem Kochwasser zugeben.
- Schönen gelben Mais bekommt man, wenn man, kurz vor dem Herausnehmen, dem Kochwasser einen Teelöffel Zitronensaft zufügt.

Olivenöl

- Olivenöl hält länger frisch, wenn man ein Stück Würfelzucker mit in die Flasche gibt.

Popcorn (Puffmais)

- Popcorn sollte immer im Gefrierfach aufgehoben werden. Dort bleibt es nicht nur frisch, es lassen sich auch durch das Einfrieren »taube Nüsse« leichter aussortieren.
- »Taube Nüsse« kann man auch leicht aussortieren, wenn man vor der Zubereitung eiskaltes Wasser über die Körner laufen läßt. Anschließend gut trocknen, bevor sie in den Topf mit dem heißen Fett geschüttet werden.

- Um zu prüfen, ob das Fett im Topf heiß genug ist, wirft man erst ein Korn hinein. Poppt es auf, gießt man den Rest hinein.

Preiselbeeren (Kronsbeeren)
- Preiselbeeren verhindern das Schimmeln von selbst eingekochter (roter) Marmelade.
- Großfruchtige Preiselbeeren (Cranberries) verkochen sehr gut, wenn man sie vorher eingefroren hat.

Salat
- Kopf- und andere Blattsalate halten länger frisch, wenn sie in Zeitungspapier, statt in Plastik, eingewickelt sind.
- Wenn Salatblätter naß sind, aber gleich gebraucht werden, kann man sie in einem Kissenbezug kurz in der Waschmaschine oder Wäscheschleuder trockenschleudern. Dieser Trick lohnt sich, wenn man sehr große Mengen Salat auftischen will.
- Legen Sie den Boden des Gemüsefachs im Kühlschrank mit einem Papier-Küchentuch aus. Die Feuchtigkeit wird aufgesogen und Salat sowie alle anderen Gemüse bleiben länger frisch.
- Trockene Schwämme erfüllen den gleichen guten Zweck.

Salz
- Salz immer trocken lagern. Zusätzlich in Plastiktüten hüllen und gut verschließen.
- Recht praktisch für die Küche ist es, das Salz gleich mit Pfeffer zu mischen – im Verhältnis 3:1 – und in einem gut schließenden Gefäß aufzubewahren.

Wann man am besten Salz zu den Speisen gibt
- Gemüse sollte man in Salzwasser kochen.
- Bei Suppen und Eintopf gibt man Salz und Gewürze frühzeitig dazu, damit der Geschmack sich voll entfalten kann.
- Bei kurzgebratenem Fleisch Pfeffer oder andere Gewürze mitbraten, Salz aber erst ganz zum Schluß zugeben.
- Leber und Nieren ebenfalls erst ganz zum Schluß salzen.
- Braten oder Geflügel, im Rohr zubereitet, mit Salzwasser begießen.

Speck und Wurst

- Speckscheiben bleiben nicht aneinander kleben, wenn man das Paket zusammenrollt und mit einem Gummiband festhält.
- Um die Haut von der Wurst leichter abziehen zu können, mit kaltem Wasser übergießen oder kurz in Eiswasser legen.

Speiseeis

- Manchmal bekommt Speiseeis einen wachsartigen Film auf der Oberfläche, wenn man den Behälter geöffnet und wieder in das Gefrierfach gestellt hat. Dieses kann man vermeiden, wenn man auf die angebrochene Schachtel ein Stück Zellophan oder Klarsichtfolie drückt und mit dem Deckel verschließt.

Topfen, Quark

- Er wird doppelt so lange frisch bleiben, wenn man die gut verschlossene Packung auf den Kopf stellt.

Zitronen

- Unbehandelte, ganze Zitronen kann man in einem mit Wasser gefüllten, gut verschließbaren Glas im Kühlschrank aufheben. Sie geben dann viel mehr Saft.
- Die Schalen von ausgepreßten, ungespritzten Zitronen nicht wegwerfen. Frieren Sie sie gut eingewickelt ein.
- Legt man eine unbehandelte Zitrone vor dem Auspressen 15 Minuten in warmes Wasser, gibt sie doppelt soviel Saft her.
- Behandelten Zitronen kann man mehr Saft entlocken, wenn man sie mit leichtem Druck der Hand auf der Arbeitsfläche hin und her rollt.
- Zitronenschalen von ausgepreßten Zitronen eignen sich hervorragend zum Reinigen der Hände, besonders, wenn man Obst oder färbendes Gemüse geschnitten hat (Kirschen, Karotten etc.).

Zucker

- Zucker immer trocken lagern. Zusätzlich in einer Plastiktüte gut verschließen.
- Braunen Zucker in einer Plastiktüte im Kühlschrank aufbewahren.

Zwiebeln

- Wenn Zwiebeln einzeln in Folie eingewickel werden, treiben sie nicht, werden nicht weich und bleiben länger fest.
- Will man eine angeschnittene Zwiebel aufheben, reibt man die Schnittfläche mit Butter ein und wickelt sie in Alufolie. Im Kühlschrank bleibt sie so länger frisch und verströmt keinen Geruch.

Suppen in der Dose

- Bevor man eine Suppenbüchse öffnet, schüttle man sie kräftig und öffne sie am Dosenboden, nicht am Deckel. Die Suppe läßt sich leicht und ohne zu spritzen in den Topf gießen.

Mit viel Gefühl…

Die besten Tips
für das Badezimmer

Säubern von Badewanne und Waschbecken

- Normalerweise reicht Scheuerpulver.
- Stark verschmutzte Wannen bekommt man wieder sauber, wenn man sich eine Paste aus Wasserstoffsuperoxyd, pulverisiertem Weinstein und etwas Wasser anrührt und mit einer Bürste fest einreibt. Hinterher sorgfältig abspülen.
- Wenn trotzdem noch Flecken bleiben, die oben beschriebene Paste nochmals darüberstreichen und einige Tropfen Salmiakgeist aufträufeln. Zwei Stunden einziehen lassen, schrubben und gut abspülen.
- Bei sehr alten und hartnäckigen Flecken auf Porzellan ein Stück Kernseife auf einer Raspel in einen Eimer mit heißem Wasser schnitzeln, gut umrühren, damit die Seife sich auflöst, und dann eine Tasse Waschbenzin dazugeben. Diese Lösung kräftig über die Flecken bürsten, einziehen lassen und abspülen.
- Der billigste Essig ist ein gutes Mittel gegen Kalkflecken. Ein Tuch damit beträufeln und wischen.
- Dunkle Flecken und besonders Rost bekommt man mit einer Paste aus Borax und Essig, die man sich anrührt, wieder weg.
- Eine vergilbte Badewanne wird wieder hell, wenn man sie mit einer Lösung aus Salz und Terpentin schrubbt.

Aufkleber entfernen

- Wenn Sie kein Lösungsmittel für einen Kontaktkleber zur Hand haben sollten, um Aufkleber oder deren Überreste zu beseitigen, können Sie auch Feuerzeug- bzw. Reinigungsbenzin dafür verwenden. Mit einem Lappen einweichen und die Klebeschicht läßt sich leicht abkratzen. Mit Allesreiniger nachwaschen und trockenreiben.

Strahlende Kacheln

- Bevor Sie Kacheln oder Badewanne reinigen wollen, lassen Sie die Dusche so heiß wie möglich eine Weile laufen. Der durch den Dampf gelöste Schmutz wird sich leichter abwischen lassen.
- Will man ein »glänzendes« Badezimmer haben, reibe man Kacheln, Badewanne und Waschbecken, nach dem normalen Reinigen, mit Autowachs ein! Einige Minuten einwirken lassen, so, daß es noch nicht angetrocknet ist, und mit einem sauberen Tuch po-

lieren. Alles wird glänzen, und Wasserflecken lassen sich danach sehr viel leichter abwischen.

- Wasserflecken bringt man mit einem Kratzschwamm oder einem Kunststoff-Topfschrubber von Kacheln und Sanitärgegenständen herunter. Mit flüssigem Allesreiniger tränken.
- Mattgewordene Kacheln werden wieder schön glänzend, wenn Sie diese mit Zeitungspapier oder einem Fensterleder, das in Salmiaklösung getaucht wurde, abreiben.

Immer ein frisches Zahnputzglas

- Einmal in der Woche sollten Sie ihr Zahnputzglas mit einer warmen Kochsalzlösung auswaschen. Es wird sich kein weißer Belag bilden.

Tubendeckel lösen

- Läßt sich der Deckel der Zahnpastatube nicht öffnen, halten Sie ihn kurz unter heißes, laufendes Wasser – dann geht's.

Duschvorhänge waschen

- Geben Sie die Vorhänge mit einigen alten Handtüchern in die Waschmaschine. Waschen Sie sie im Gardinenwaschgang bei 30°C, ohne zu schleudern. Tropfnaß aufhängen!

Schimmel und Stockflecken von Duschvorhängen entfernen

- Es wird kein Schimmel entstehen, wenn die Vorhänge vor dem Aufhängen in Salzwasser gelegt werden.
- Kleinere Stockflecken kann man mit Natron entfernen.
- Helle Vorhänge mit hartnäckigen Stockflecken werden in der oben beschriebenen Weise gewaschen , danach mit Zitronensaft oder Essig abgerieben.

Zwei ausgezeichnete Reiniger für Armaturen

- Um Zeit und Geld zu sparen und dennoch glänzende Armaturen zu haben, benützt man ein altes Tuch, das vorher in Petroleum getaucht worden ist. Petroleum entfernt Kalkflecken u.ä. schnell. Der unangenehme Geruch wird sich nicht lange halten.
- Armaturen mit Zitronensaft, den man fertig kaufen kann, besprühen. Mit einem Tuch hochglänzend reiben.

Toiletten-Ablagerungen

- Durch Spülen die Kloschüssel rundum naß machen. Paste aus Borax und Zitronensaft auftragen. 2 Stunden einwirken lassen und dann sorgfältig bürsten.
- Oder: Ringe mit feingradigem Sandpapier entfernen. Wenn die Ringe jahrealt sind, besonders widerstandsfähiges Sandpapier (Naßschleifpapier) verwenden, wie man es in Geschäften für Bastlerbedarf erhält.
- Kochendheiße Waschlauge hineingießen, einwirken lassen, dann schrubben.

Glastüren von Duschen

- Sie glänzen schnell, wenn man sie mit einem in Essig getränkten Schwamm einreibt.

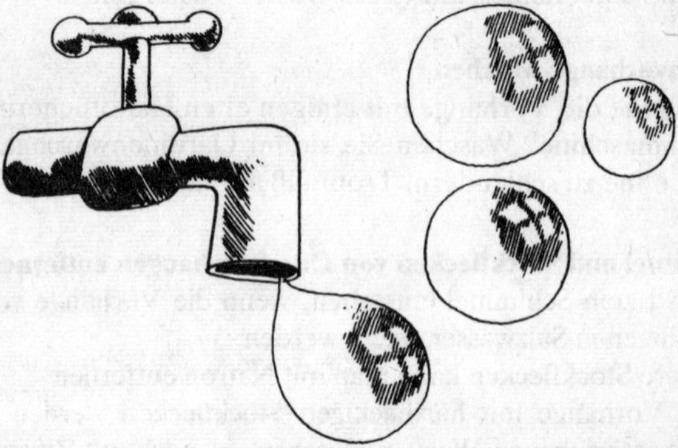

Wenn der Wasserhahn tropft...

- Wenn's nachts zu tropfen beginnt, und Sie deshalb nicht schlafen können, einfach ein Tuch um die Hahnöffnung wickeln.
- Oder: Eine Schnur an den Hahn binden, so daß sie bis zum Abfluß reicht und das Wasser still der Schnur entlang rinnt, bis Sie Zeit haben, den Hahn abzudichten.

Verstopfte Brauseköpfe

- Metallene Brauseköpfe in Essigwasser, das aus gleichen Teilen gemischt wird, etwa 15 Minuten kochen.
- Kunststoff-Brauseköpfe in heißes Essigwasser – wie oben – über Nacht legen und über Nacht ziehen lassen.

Verstopfte Perlatoren

- Verkalkte Perlatoren kann man ebenfalls selber wieder reinigen, wenn man sie abschraubt und wie oben beschrieben in Essigwasser kocht bzw. legt und ziehen läßt, je nachdem ob sie ganz aus Metall oder teilweise aus Kunststoff bestehen.
- Wenn sich die Perlatoren nicht mit der Hand abschrauben lassen, klebt man einige Lagen Krepp-Klebeband darum und löst die Verschraubung mit einer Rohr- oder Vielzweckzange. Die verchromte Oberfläche wird auf diese Weise nicht zerkratzt.

Wohlgeruch im Badezimmer

- Tauchen Sie Ihr Badezimmer in einen Hauch von Wohlgeruch, indem Sie etwas von Ihrem Eau de Cologne auf die Glühbirne träufeln. Wenn das Licht eingeschaltet ist, wird die Wärme den Duft verbreiten.

Der Holzwurm läßt schön grüßen!

Die besten Tips zur Möbelpflege

Phantastische Möbelpolitur

- Je eine drittel Tasse Leinölfirnis, Terpentin (beides in Drogerien oder Farbengeschäften zu kaufen) und Essig abmessen, mischen und gut schütteln. Mit einem weichen Tuch auftragen und gut trockenwischen. Mit einem sauberen weichen Tuch nachreiben.
- Sie können auch einen Teelöffel Apfelessig zur Verbesserung der gekauften Möbelpolitur beimischen.

Politur entfernen

- Mischen Sie Essig mit der gleichen Menge Wasser und reiben Sie mit einem weichen, nicht zu stark damit befeuchteten Tuch die Politur ab. Gleich danach mit einem anderen weichen Tuch trockenreiben.

Geschnitzte Möbel polieren

- Die Möbelpolitur wird in diesem Fall mit einer alten weichen Zahnbürste oder einem Pinsel aufgetragen.

Durchgesessene Stuhlsitze

- Ein durchhängender Rohrstuhlsitz wird wieder straff, wenn man ihn mit heißem Wasser begießt und anschließend in der Sonne trocknet. Wenn er ganz trocken ist, Zitronen- oder Zedernöl draufstreichen, damit das Geflecht nicht springt oder splittert.
- Durchhängende Sprungfedern: Den Sessel umdrehen und ein Schnittmuster des Rahmens auf Papier herstellen. Auf eine Hartfaser- oder Sperrholzplatte (3 bis 5 mm stark) übertragen und aussägen. Auf den Unterrahmen nageln (oder besser: schrauben). Dadurch werden die Federn in das Polster zurückgedrückt, und der Sitz hängt nicht mehr durch.

Zigaretten-Brandlöcher

- Bei kleinen flachen Brandlöchern in Holz versuchen, Mayonnaise hineinzureiben. Etwas einwirken lassen und mit einem weichen Tuch wegwischen.

- Brandstellen kann man auch mit einem Siegellackstift ausbessern (in allen Farben in Schreibwaren- und Bastlergeschäften erhältlich). Das Verkohlte vorsichtig abkratzen. Eine Messerspitze erhitzen und daran etwas Siegellack schmelzen, diesen in das Loch spachteln. Mit dem Fingernagel nachglätten. Wertvolle Möbel sollte man dem Fachmann übergeben.
- Mit feinem Schleifpapier läßt sich bestimmt an einer verdeckten Stelle etwas Holzmehl abschmirgeln, das Sie mit farblosem Lack (evtl. Nagellack) zu einer Paste vermischen und in das sauber geschliffene Brandloch streichen. Anschließend mit dem Fingernagel glätten.
- In Bastlergeschäften erhält man Holzpaste oder »flüssiges Holz« in verschiedenen Farbtönen. Speziell zum Ausbessern geeignet.

Angeklebtes Papier von Holz entfernen

- Nicht mit dem Messer kratzen! Speiseöl tropfenweise auf das Papier geben. Einwirken lassen und mit einem weichen Tuch abreiben. Vorgang wiederholen bis das Papier völlig weg ist.
- Alte Aufkleber sind leicht zu entfernen, wenn man sie mehrmals mit Essig einstreicht. Einwirken lassen, dann vorsichtig abreiben.

Kratzer auf Holzflächen

- Immer in Richtung der Maserung arbeiten, wenn ein Kratzer ausgebessert wird.
- *Nußbaum:* Eine frische Walnuß schälen. Den Nußkern halbieren und den Kratzer mit der Bruchstelle einreiben.
- *Mahagoni:* Den Kratzer entweder mit einem dunkelbraunen Farbstift behandeln oder mit braunem Wachs auf Hochglanz polieren.
- *Rotes Mahagoni:* Gewöhnliche Jodtinktur mit einem feinen Malerpinsel aufstreichen.
- *Ahorn:* Mit einem Wattestäbchen eine Mischung aus gleichen Teilen Jodtinktur und denaturiertem Alkohol auftragen. Trocknen lassen, wachsen, polieren.

- *Ebenholz:* Schwarze Schuhcreme, Augenbrauenstift oder schwarzen Farbstift benutzen.
- *Teakholz:* Den Kratzer sehr vorsichtig mit feinster Stahlwolle abreiben und dann mit Terpentin und Leinölfirnis zu gleichen Teilen einreiben.
- *Helles Holz:* Kratzer werden mit heller, farbloser Schuhcreme unsichtbar, jedoch nur bei glänzenden Oberflächen. Oder nehmen Sie eine halbierte Haselnuß, um den Kratzer zu beseitigen.
- *Alle kleinen Kratzer:* Jeweils mit reichlich weißer Vaseline bedecken. 24 Stunden drauflassen. Ins Holz einreiben. Rückstände entfernen und wie üblich polieren.
- *Große Kratzer:* Mit passender Wachsmalkreide ausbessern und farblosen Nagellack überstreichen.

Wasserringe und -flecken auf Holz entfernen

- Ein Tuch mit Wasser anfeuchten und Zahnpasta draufgeben. Hartnäckige Flecken brauchen zusätzlich noch etwas Natron.

- Eine Paste aus Butter oder Mayonnaise und Zigarettenasche anrühren und auf die Stelle auftragen, mit einem etwas feuchten Tuch einreiben und dann polieren.
- Auf polierten Möbeln die Ringe mit Petroleum abreiben und nachpolieren.

- Eine bewährte Methode ist es auch, Zigarren- (nicht Zigaretten-) asche mit Speiseöl zu vermischen und die hellen Flecken mit einem Flaschenkorken, der in diese Mischung getaucht wird, zu entfernen.

Flecken auf Marmor

- Salz auf eine frisch aufgeschnittene Zitrone streuen. Sehr leicht über den Flecken reiben. Nicht fest reiben, sonst geht die Politur kaputt. Mit Seife und Wasser abwaschen.
- Eine Paste aus Wasser und Natron auftragen. Einige Minuten einwirken lassen, dann warm abspülen.
- *Bei schlimmen Flecken:* Stellen Sie die Marmorplatte ins grelle Sonnenlicht. Wenn das nicht geht, mindestens eine Stunde mit einem heißen Strahler (aber keine Höhensonne) aufwärmen. Dann Bleichmittel aufstreuen. Dieses etwa jede Stunde wiederholen, bis die Verfärbung verschwunden ist. (Das dauert manchmal einige Tage.) Mit Wasser abspülen und trocknen. Platte in den Schatten bringen und mit Spezialwachs einreiben. Niemals Ölpolituren oder weiches Wachs für Marmor benutzen, da diese neue Verfärbungen verursachen können. Gut eignet sich dagegen das Wachs der brasilianischen Carnauba-Palme.

Kerzenwachs von Holzoberflächen beseitigen

- Das Wachs mit einem Haarfön aufweichen. Wachs mit Papiertüchern entfernen und mit Essigwasser abwaschen.

Ledertischplatten sauber halten

- Alte Wachsschichten mit verdünntem Essigwasser (halb so viel Essig wie Wasser) abwaschen. Um Druckstellen von Lampen, Aschenbechern o. ä. zu entfernen, eine Woche lang zweimal täglich mit Zitronenöl behandeln. Danach genügt die Pflege einmal wöchentlich.

Kunststoffoberflächen

- Matt gewordene Kunststoffoberflächen bekommen mit Autowachs ihren alten Glanz wieder.
- Oder mit Zahnpasta auf Hochglanz polieren.

Glastischplatten

- Etwas Zitronensaft einreiben. Mit Papierküchentüchern trocknen und mit Zeitungspapier glänzend reiben.
- Mit Zahnpasta kann man kleine Kratzer wegpolieren.

Chrom säubern

- Es wird streifenlos und hochglänzend durch ein mit Salmiakgeist befeuchtetes Tuch.

Leim von Möbeln entfernen

- Klebstoffreste beseitigt man mit Gesichtscreme (cold cream), Margarine oder Speiseöl.

Tips für Korbmöbel

- Um Weidengeflecht vor dem Vergilben zu bewahren, wäscht man es mit warmem Salzwasser.
- Austrocknen verhindert man durch gelegentliches Einreiben mit Zitronenöl.
- Weidengeflecht braucht Feuchtigkeit, im Winter daher einen Luftbefeuchter verwenden.

Rost von Stahlmöbeln entfernen

- Kräftig mit Terpentin abbürsten.

Kunststoff-Polster pflegen

- Kunststoffpolster bzw. -überzüge niemals einfetten, sonst werden sie hart. Wenn das passiert sein sollte, bekommt man sie fast nicht mehr elastisch. Richtig gepflegt wird mit einem groben feuchten Tuch, auf das man Natron oder Essig gegeben hat. Danach mit einem sehr milden Geschirrspülmittel abwaschen. Da auch Sonnenöl und Cremes Kunststoff hart werden lassen, sollte man die Möbel in jedem Fall öfter reinigen.

Lederpolster

- Mit feuchtem Tuch und Sattelfett säubern.
- Damit Leder nicht brüchig wird, pflegt man es regelmäßig mit einer Mischung aus 1 Teil Essig und 2 Teilen Leinölfirnis.

Blutflecken von Polsterbezügen entfernen

- Den Blutfleck sofort mit einer Paste aus Stärkemehl und kaltem Wasser bedecken. Leicht einreiben und dann zum Trocknen in die Sonne legen. Nach dem Trocknen abbürsten. Wenn nötig, die Prozedur wiederholen.

Fett- und Ölflecken

- Auf Fettspritzer sofort Salz streuen. Das Salz wird das Fett aufsaugen und keinen Flecken entstehen lassen.
- Oder Talk (Talcum) oder Stärkemehl auf den frischen Flecken streuen. Gut einreiben und einwirken lassen, bis der Fleck aufgesaugt ist. Abbürsten und mit einem feuchten Tuch nachreiben.

Verschmutzte Baumwoll- und Leinenbezüge

- Die verschmutzten Stellen mit einem weichen Kunststoffradiergummi abreiben.

Gebrauchsfertige Polsterreiniger

- Polstermöbel verschmutzen nicht so schnell, wenn man sie öfter mit Essigwasser abbürstet.
- Rasiercreme ist einer der brauchbarsten Polster-Reiniger.
- Stellen Sie Ihre eigene Mischung her aus einer halben Tasse mildem Waschmittel auf zwei Tassen kochendes Wasser. Abkühlen bis es geliert, dann mit einem Schneebesen zu einem steifen Reinigungsschaum schlagen.

Bambusmöbel

- Bambusmöbel reinigt man mit einem petroleumgetränkten Lappen.

Eichenmöbel

- Wenn Ihre Eichenmöbel einer Auffrischung bedürfen, erwärmen Sie etwas Bier in einem weiten Becken und waschen die Möbel mit einem gewöhnlichen Lappen ab. Sofort mit einem sauberen Lappen nachtrocknen. Die Möbel sehen wieder wie neu aus.

Perser, Berber, Auslegware

Die besten Tips zum Teppichreinigen

Wenn etwas verschüttet wurde

- Der erste und wichtigste Schritt, um zu vermeiden, daß aus etwas Verschüttetem ein Flecken wird, besteht darin, so viel Flüssigkeit wie möglich zu entziehen. Feste Bestandteile (z.B. Scherben) beseitigen und dann mit sauberen Handtüchern die Feuchtigkeit aufsaugen. Von den Rändern zum Zentrum des Fleckens arbeiten. Nicht reiben, denn das würde nur den Flekken vergrößern. Und benutzen Sie keinen Fleckenentferner bevor der Teppich trocken ist.

Weg mit den Flecken!

- *Frische Flecken:* Reines Mineralwasser ist ein schnell wirkender Fleckenentferner und funktioniert prima. Etwas auf den Flecken schütten, einige Sekunden einwirken lassen und sorgfältig mit einem Schwamm aufnehmen.
- *Ältere Flecken:* Mischen Sie 2 Eßlöffel Waschmittel, 3 Eßlöffel Essig mit einem Liter warmen Wassers. Den Flecken damit einreiben und dann so gut wie möglich auftrocknen.
- *Waschmittel hilft am besten gegen hartnäckige Flecken:* Eine seifige Lösung aus Waschmittel und warmem Wasser herstellen. Die Seifenlauge längs und quer mit einer weichen Bürste auf den Flecken reiben. Gut abtrocknen. Wenn der Flecken bleibt, nochmal alles von vorne. Es funktioniert in 97% der Fälle.

Flecken weg im Nu

- Versuchen Sie's mit Rasiercreme. Der Schaum ist ein guter Fleckenentferner und im Nu zubereitet. Mit Wasser auswaschen.

Einen Brandfleck ausbessern

- Einige Fasern aus dem Teppich ziehen, mit der Rasierklinge oder einer Pinzette. Die Fasern über das Brandloch legen. Alleskleber über die Stelle geben und die Fasern hineindrükken. Ein Papier-Küchentuch und ein schweres Buch darauflegen. Dadurch trocknet der Leim langsam und das Brandloch ist verschwunden.

Druckstellen beseitigen

- Wenn schwere Möbel den Flor Ihres Teppichs niedergedrückt haben, können Sie dies durch Dämpfen ausbessern. Reichlich Dampf erzeugen und das Bügeleisen nicht direkt auf den Teppich, sondern auf ein feuchtes Tuch stellen. Rasch die Fasern aufbürsten.

Wachsflecken entfernen

- Lösch- oder anderes saugfähiges Papier (Toilettenpapier) über und wenn möglich auch unter den Fleck legen und darüberbügeln (Temperatur Wolle/Seide). Nach kurzer Zeit ist das Wachs aufgesaugt. Eventuell wiederholen. Den Rest mit Fleckenwasser bearbeiten.

Geflochtene Naturfaser-Teppiche (Kokos, Maisstroh etc.) reparieren

- Geflochtene Teppiche lösen sich an den Nahtstellen oft auf. Statt sie zu nähen, kann man zum Reparieren klaren Klebstoff verwenden. Das geht schneller und leichter.

Teppiche aufhellen

- Großzügig Salz über den Teppich streuen. Etwa eine Stunde einwirken lassen, dann absaugen.
- Lauwarmes Essigwasser mit einem Schwamm auf den Teppich auftragen und gut einreiben. Trocknen lassen. Die Farben leuchten wieder. (Wasser und Essig im Verhältnis 10 : 1 mischen.)

Teppich shamponieren

- Wenn der Teppich feucht gereinigt wird, vorher Stahlmöbel auf Plastikunterlagen stellen, um Rost zu vermeiden.

Wer hat den Schmutz hereingebracht?

- Auf feuchte Schmutzflecken Salz streuen. Das Salz mindestens 15 Minuten den Schmutz aufziehen lassen, dann alles wegsaugen.

Gegensätze ziehen sich an

- Wollten Sie schon einmal ein Genie sein? Dann entfernen Sie das nächste Mal Rotweinflecken auf Ihrem Teppich mit Weißwein.
- Die vorher beschriebene Salzkur funktioniert auch!

Kaugummi entfernen

- Pressen Sie Eiswürfel auf den Kaugummi bis er brüchig wird und wegzubrechen ist. Dann mit Fleckenwasser verbliebene Spuren beseitigen.

Leim

- Leimflecken kann man mit einem in Essig getauchten Tuch lösen.

Alleskleber

- Flecken von Alleskleber löst Nagellackentferner.

Kugelschreiberflecken

- Den Fleck mit Haarspray einsprühen, trocknen lassen. Leicht mit verdünntem Essig ausbürsten.

Aufgebogene Teppichkanten begradigen

- Gerollte Kanten und umgebogene Ecken an Zimmerteppichen sind unansehnlich und gefährlich. Man befeuchtet die Ecken und bestreicht sie auf der linken Seite mit gewöhnlichem Tischlerleim. Nach dem Trocknen bleibt der Teppich dann flach liegen.

Frau Saubermann ist schon perfekt im spiegelglattem Glanzparkett

Die besten Tips für Fußböden

Ein gutes Putzmittel

- Versiegelte Fußböden und Holzteile aller Art können mit kaltem Tee behandelt werden.

Keine verkratzten Böden mehr

- Beim Möbelrücken alte dicke Socken über die Möbelfüße ziehen.
- Oder: Teppichreste unter die Möbelfüße kleben.

Ein schnelles Boden-Make-up

- Unversiegelte Holzfußböden, die helle Flecken bekommen haben, renoviert man mit brauner Schuhcreme, die dem Bohnerwachs beigemengt wird. Auf die Flecken aufgetragen, gibt das dem Boden ein rustikales Aussehen.

Knarrende Dielen zum Schweigen bringen

- Talkpuder in die Ritzen streuen.

Kratzer entfernen

- Kratzer mit sehr feiner, in Bohnerwachs getauchte Stahlwolle beseitigen.

Sorgenlos im Schaukelstuhl

- Ihr Schaukelstuhl wird eingewachste Böden nicht verkratzen, wenn Sie die Kufen mit Leinen-Klebeband versehen.

Absatzspuren entfernen

- Mit Petroleum oder Terpentin wegwischen.
- Versuchen Sie's mit einem einfachen Radiergummi.

Teerflecken beseitigen

- Benutzen Sie Bohnerwachs. Das geht auch bei Schuhen.

Nagellack-Spritzer

- Um Nagellack von gewachsten Böden oder Fliesen zu entfernen, läßt man diesen erst fest werden. Wenn der Lack fast trokken, aber noch geschmeidig ist, kann er abgezogen werden.

Buntstift oder Malkreiden entfernen

- Von Kunststoff- oder Linoleumböden mit Silberpolitur entfernen.

Linoleum reinigen

- Nehmen Sie nur mildes Seifenwasser oder Terpentinersatz zum Säubern. Mit klarem Wasser, dem man flüssiges Bohnerwachs beigegeben hat, nachwischen.
- Tintenflecken mit Zitronensaft beträufeln. Einige Minuten einwirken lassen, dann abwischen.

Nylonstrümpfe zum Staubwischen

- Einen Nylonstrumpf über den Staubwedel oder Mob ziehen. Den Strumpf anschließend wegwerfen und Ihr Staubwedel bzw. der Mob bleibt sauber.

Linoleumränder wieder kleben

- Wenn sich das Linoleum an den Fugen gelöst hat, wird Fußbodenkleber mit einem stumpfen Messer oder Spachtel unter die gelöste Kante gestrichen. Mit schweren Büchern belasten und 24 Stunden trocknen lassen.

Die Wirkung der Teppichkehrmaschine verbessern

- Die Bürsten der Kehrmaschine vor der Benutzung anfeuchten, dann wird sie Fäden und Fusseln viel besser aufnehmen.

Bohnerbesen (Blocker) oder Polierbürsten der Bohnermaschine reinigen

- Wenn sich an den Borsten Ihres Poliergerätes Wachs angesammelt hat, legen Sie mehrere Lagen saugfähiger Haushaltspapiertücher über die Borsten und bügeln mit einem warmen Eisen darüber. Das alte Wachs wird von den Papiertüchern rasch aufgesaugt.

An ihren Fenstern wirst du sie erkennen…

Die besten Tips rund ums Fenster

Alles klar zum Fensterputzen

- Putzen Sie die Fenster niemals bei Sonnenschein. Sie würden zu schnell trocknen und Streifen aufweisen.
- Verwenden Sie niemals Seife.
- Ein perfektes Putzwasser erhält man durch Zugabe von einer halben Tasse Salmiakgeist, ebensoviel Essig sowie von zwei Eßlöffeln Stärke auf einen Eimer warmen Wassers.
- Wenn's schnell gehen soll, putzen Sie mit einem in Essig eingeweichten Tuch. Das eignet sich vor allem dann, wenn man lediglich einige Innenscheiben putzt.
- Verwenden Sie Zeitungspapier statt Papiertücher zum Nachpolieren. Das ist billiger und einfacher. Die Zeitungen sollten Sie vorher gelesen haben, sonst kann der Job den ganzen Tag dauern.
- Um leichter zu erkennen, auf welcher Scheibenfläche sich noch Streifen befinden, putzen Sie die eine Fläche waagerecht die andere Seite senkrecht. So läßt sich ganz schnell herausfinden, wo noch Putzstreifen nachzupolieren sind.
- Milchglasfenster nur mit heißem Essigwasser abwaschen und sorgfältig trockenreiben.

Keine Eisblumen auf den Fenstern

- Das Eisblumen-Problem läßt sich dadurch lösen, daß man dem Putzwasser eine halbe Tasse Spiritus oder Frostschutzmittel pro Liter zugibt.
- Reiben Sie die Innenscheiben mit einem in Spiritus oder Frostschutzmittel getauchten Schwamm ab. Mit Papiertüchern oder besser Zeitungspapier nachpolieren.
- Probieren Sie's mit einem mit Glyzerin befeuchteten Tuch: Die Innenscheiben ganz dünn mit Glyzerin einreiben.
- Oder fahren Sie in den Süden, um diesem Problem aus dem Weg zu gehen.

Verschmutzte Fensterbänke

- Schütten Sie etwas verdünnten Spiritus auf ein weiches Tuch und wischen Sie damit die ganze Oberfläche. Es werden nicht nur die Flecken verschwinden, sondern die Fensterbretter werden wie neu gestrichen aussehen.

- Wachsen Sie sie von Zeit zu Zeit mit Bohnerwachs ein, dann verschmutzen sie nicht so leicht.

Einige Rollo-Ideen

- Reinigen Sie nicht waschbare Rollos mit einem rauhen Staubflanelltuch, das Sie in Mehl getaucht haben.
- Mit einem weichen Radiergummi lassen sich Flecken entfernen.
- Pergamentrollos hält man durch Wachsen sauber.
- Flicken Sie Risse im Rollo mit farblosem Nagellack. Bei kleinen Rissen wirkt das Wunder.

Fliegenfenster putzen

- Gründliches Putzen erfolgt durch beidseitiges Bürsten mit Petroleum. Mit einem sauberen Tuch nachwischen. Das verhindert auch das Ansetzen von Rost. Vor der Reinigung jedoch unbedingt mit einem Pinsel (oder Staubsauger) entstauben.
- Rasches Darüberputzen geht gut mit einem Bürsten-Lockenwickler. Fahren Sie mit diesem leicht über das Fliegengitter und Sie werden staunen, wie leicht er Fussel und Staub aufnimmt.

Aluminium-Fensterrahmen putzen

- Versuchen Sie's mit einer Silberpolitur.

Jalousetten

- Zum Reinigen nimmt man einen Gummiteigschaber mit einem darumgewickelten, in Spiritus getauchten Tuch. Damit kommt man gut zwischen die einzelnen Lamellen.
- Um die Elemente Ihrer Jalousie aufzuhellen, wischen Sie einfach mit einem feuchten Schwamm weiße Schuhcreme drauf.

Vorhänge gleiten besser

- Vorhangstangen nach dem Putzen mit Bohnerwachs einreiben. Auch neuen Stangen tut das gut.
- Eingebaute, U-förmige Vorhangschienen können mit einem in Bohnerwachs getauchten Gleiter, der einige Male hin und her geschoben wird, gängig gemacht werden.

Scheiben undurchsichtig machen

- Möchte man Glasscheiben an Türen undurchsichtig machen, löst man ein halbes Pfund Salz in einem Viertelliter Weißbier auf und bestreicht die Scheibe. Diese Methode hat den Vorteil, daß man den Belag wieder abwaschen kann, wenn die Scheibe durchsichtig werden soll.

Blinde Scheiben – glasklar

- Blinde Fensterscheiben reibt man mit einem in Öl getränkten Wollappen ab und poliert mit Löschpapier nach.

Bilderrahmen – Bügeleisen Lockenwickler – Kerzenleuchter Ölgemälde – Alleskleber…

Die besten Tips für verschiedene Reinigungsprobleme

Aschenbecher

- Verwenden Sie die gebrauchten Papierservietten zum Reinigen der Aschenbecher.

Bilderrahmen

- Mit einem weichen, mit Terpentin befeuchteten Schwamm wischen. Wenn die Vergoldung nachher etwas klebrig erscheint, ein bis zwei Tage ohne Berührung trocknen lassen.

Brillen

- Brillengläser werden streifenlos sauber, wenn man pro Glas einen Tropfen Essig oder Wodka verwendet.
- Mit Spülmittel reinigen.

Bügeleisen

- Ablagerungen aus einem Dampfbügeleisen entfernt man, indem man es zu gleichen Teilen mit Wasser und Essig füllt. Einige Minuten dampfen lassen, abschalten, eine Stunde ziehen lassen. Entleeren und mit klarem Wasser ausspülen.
- Um Ablagerungen zu vermeiden, destilliertes Wasser einfüllen.
- Brand- und andere braune Flecken durch Reiben mit einer heißen Salz/Essig-Lösung entfernen.
- Wachs beseitigt man mit sehr feinem Schleifpapier.
- Die Außenseite mit Zahnpasta oder Metallpolitur säubern.

Tauchsieder entkalken

- Über Nacht in kaltes Essigwasser stellen oder
- in einem kräftigen Essig-Salz-Wasser auskochen.

Brillanten

- Einige Flocken milder Seife und einige Tropfen Salmiakgeist in einen Topf kochenden Wassers geben. Brillanten in ein Drahtsieb legen und für einige Sekunden ins kochende Wasser tauchen. Abkühlen lassen, spülen. Anschließend für 10 Minuten in eine kleine Schüssel mit Alkohol legen und mit einem Papier- oder Leinentuch trocknen.

Garagenboden

- Ölflecke von Beton beseitigen: Mit Waschbenzin einweichen, 30 Minuten einwirken lassen, dann unter Hinzugabe von weiterem Waschbenzin mit einer Drahtbürste schrubben. Gleich danach die Schmiere mit Saugwolle oder Zeitungen aufnehmen. Beton trocknen lassen. Dann mit einer Waschpulver-Lösung mit einer Tasse Bleiche pro vier Liter Wasser waschen. Wiederholen bis die Flecken weg sind.
- Wo ein wenig Öl ausgelaufen ist, mehrere Lagen Zeitungspapier ausbreiten. Die Zeitung mit Wasser sättigen und fest auf den Boden pressen. Völlig trocknen lassen, entfernen und die Ölspritzer werden verschwunden sein.
- Auf Ölspritzer kann man auch Sand oder Katzenstreu streuen. Beides nimmt das Öl auf. Aufkehren.

Fernseher

- Den Bildschirm des Fernsehers bekommen Sie wieder klar, wenn Sie ihn mit einem Auto-Klarsichttuch behandeln.
- Wischen Sie den Bildschirm mit einem weichen Lappen, auf den Sie Spiritus geträufelt haben, ab. Mit einem sauberen Tuch nachpolieren.

Gartengeräte

- Schnell und leicht entfernt man Rostflecken mit in Seife getränkter Stahlwolle, die man in Petroleum oder Terpentin getaucht hat.
- Mit einem Stück zerknüllter Alufolie abreiben.

Gitarre

- Zahnpasta auf die Gitarre reiben, trocknen lassen, dann auf Hochglanz polieren.

Grillroste

- Holzkohlengrill: Die Roste vollständig in Alufolie hüllen, wobei die glänzende Seite auf den Grill gelegt wird. Die Ränder der Folie fest zusammendrücken. Den so präparierten Rost 10 Minuten über die glühende Holzkohle legen, abkühlen lassen, Folie entfernen und der Rostbelag ist weg.

- Immer vor dem Grillen den Rost mit Speiseöl einfetten.
- Restaurant-Grill: Kaffeesatz eignet sich gut für schnelles und wirksames Säubern des Grills. Über den heißen oder kalten Grill streuen. Wegwischen. Das Ergebnis ist verblüffend.

Hausmief

- Vertreiben Sie den Mief aus Ihrer Wohnung, indem Sie einige Lappen aus Baumwolle oder Leinen mit Fichtennadelöl beträufeln und versteckt im Raum verteilen. Die Methode ersetzt wirksam entsprechende Sprays und hält monatelang.
- Getrocknete Orangen- und Zitronenschalen auf die Heizung gelegt oder in die Feuerstelle geworfen geben einen würzigen Duft.

Heizkörper, Radiatoren

- Ein feuchtes Tuch hinter den Heizkörper hängen, dann den Staubsauber als Blasebalg benutzen. Staub und Schmutz werden auf das feuchte Tuch geblasen.

Kämme, Bürsten, Lockenwickler

- Drei Eßlöffel Natron und drei Eßlöffel Bleichmittel in warmes Wasser geben. Bürsten, spülen, abtropfen lassen.
- Handbürsten hin und wieder in Essigwasser legen, zum Lösen der festen Seifenreste.

Bücher entstauben

- Zum Entstauben den Staubsauger benutzen, dann fällt der Staub nicht in die Bücher.

Offener Kamin, Feuerstelle

- Die Feuerstelle muß weniger geschrubbt werden, wenn man gelegentlich Salz auf das Feuerholz streut. Der Rußanfall verringert sich dadurch um zwei Drittel.
- Essig reinigt die Ziegelumrandung der Feuerstelle. Eine Handbürste in Essig tauchen und rasch abschrubben. Gleich danach mit dem Schwamm die Feuchtigkeit aufnehmen.

- Verrußte Stellen mit einem Kunststoff-Radiergummi abreiben. Das geht besonders gut bei Feuerstellen aus porösem Naturstein.
- Feuerstellen aus glatten Steinen oder Ziegeln mit einer starken Lösung Trinatriumphosphat (eine halbe Tasse auf vier Liter Wasser) abwaschen. Die Lösung erst benutzen, nachdem möglichst aller Ruß abradiert wurde.
- Für den Großputz: 100 Gramm Seife auf einen Liter heißen Wassers geben. Erwärmen bis die Seife aufgelöst ist. Abkühlen. Dann ein halbes Pfund Bimssteinpulver und eine halbe Tasse Salmiakgeist unterrühren. Sorgfältig durchmischen. Möglichst viel Ruß vorher beseitigen, bevor die Seifenlauge mit einem Pinsel aufgetragen wird. 30 Minuten einwirken lassen. Mit einem Schrubber und warmem Wasser abschrubben. Und zuletzt mit einem Schwamm viel Wasser abwaschen.

Kerzen

- Mit einem in Spiritus getauchten Baumwolltuch abreiben.
- Wußten Sie schon? Kerzen brennen langsamer, gleichmäßiger und tropfen kaum, wenn sie vorher einige Stunden im Gefrierfach lagen.
- Kerzen drückt man leichter in den Leuchter, wenn man das untere Ende eine Minute in heißes Wasser hält.
- Kerzen tropfen nicht, wenn man sie vor Gebrauch in kaltes Salzwasser eintaucht.

Kerzenleuchter

- Wenn die Kerzenleuchter mit Wachs überzogen sind, legen Sie sie etwa eine Stunde ins Gefrierfach. Das Wachs wird kinderleicht abgehen, ohne daß das Silber verkratzt wird.
- Oder unter sehr heißes Wasser halten und mit einem Papiertuch abreiben.

Klaviertasten

- Zahnpasta auf ein gut feuchtes Tuch geben. Die Tasten gut einreiben, trocken wischen und mit einem weichen, trockenen Tuch polieren.

Kristall-Lüster

- Hier eine Reinigungsmethode, die kein Abnehmen erforderlich macht. Den Boden unter dem Lüster mit einem Tuch abdecken. Einen Becher mit einem Teil Alkohol und drei Teilen Wasser füllen. Nacheinander alle Kristallteile eintauchen. Das Kristall wird trocken, ohne daß Wasserflecken, Fussel oder Fingerspuren bleiben. Die Kristallteile, die man mit dem Becher nicht erreicht, können mit der Lösung abgewischt werden.
- Arbeitshandschuhe aus Baumwolle anziehen, Hände in Salmiakgeist tauchen und Kristall mit den Fingern abreiben.

Künstliche Blumen

- Etwas Salz in eine große Papiertüte mit den Blumen schütten. Fest schütteln. Das Salz wird auf den ersten Blick nicht schmutzig aussehen, aber schauen Sie sich mal seine Farbe an, wenn Sie Wasser darüberschütten.

Kugelschreiber

- Wenn Ihr Kugelschreiber durch auslaufende Tinte und Fusseln verschmutzt ist, stecken Sie ihn in einen Zigarettenfilter. Ein paar Mal schnell drehen und er ist wieder zu benutzen.

Markisen

- Alte Markisen sehen wie neu aus, wenn man sie mit Firnis streicht (erhältlich in Geschäften für Künstlerbedarf).
- Vogeldreck entfernt man mit einer harten Bürste, die man vorher in Kernseife gesteckt und mit Waschpulver bestreut hat. Mit dem Gartenschlauch gut abspritzen.

Schmuck

- Mit einem weichen Tuch und Zahnpasta reinigen.

Telefon

- Das Telefon mit Spiritus putzen, dann sieht's wie neu aus.

Säureflecken auf Stahl

- Flecken mit der Hälfte einer rohen Kartoffel abreiben.

Vasen mit kleiner Öffnung

- Vase innen anfeuchten und WC-Reiniger hineinstreuen. 10 Minuten einwirken lassen und Flecken werden verschwinden.
- Vase mit kleinen Schnitzeln aus Zeitungspapier vollstopfen, mit Wasser auffüllen und über Nacht stehen lassen.

Zigarettenrauch

- Ein feuchtes Handtuch als Ventilator benutzen und damit durch den Raum wirbeln. Der Rauch wird schnell verschwinden.
- Stellen Sie vier Schüsseln mit Essig in die Ecken des Zimmers, in dem sich Raucher versammeln.
- Oder verteilen Sie kleine Teller mit Aktivkohle im Raum, um abgestandene Party-Luft zu verbessern.
- Auch Kerzen verzehren Rauch.

Zinngerät

- Eine der besten Putzmöglichkeiten: Mit Kohlblättern abreiben (im Winter).
- Mit Zinnkraut abreiben (im Sommer).
- Oder versuchen Sie es mit einer selbstgemachten Paste aus Holzasche und Wasser.

Alleskleberflecken

- Reichlich Nagellackentferner daraufgeben und mit einem sauberen Tuch den Kleber herausreiben.

Schlüssel sind verrostet

- Rostige Schlüssel reinigt man in einem Gefäß mit Paraffin- oder Terpentinöl.

Gestrichene Türen und Fensterbretter

- Weißlackierte Fensterbretter und Türen sollten nicht zu oft abgewaschen werden, da sie dann immer empfindlicher werden. Tragen Sie eine dünne Schicht Bohnerwachs auf, die eine Schutzschicht bildet und von der sich Flecken in Zukunft leicht abreiben lassen.

Ölgemälde

- Ölgemälde kann man mit einer halbierten Kartoffel auffrischen, indem man die Bildfläche sorgfältig mit der Schnittfläche abreibt und diese wegschneidet, bis die Kartoffelfläche sauber bleibt. Mit feuchtem Lappen leicht nachwischen und trocknen lassen.

Tinte verdünnen

- Dickflüssig gewordene Tinte verdünnt man nicht mit Wasser, sondern mit Essig.

Stockflecken auf Papier

- Manchmal kann man Stockflecken von Papier und Buchseiten durch gründliches Abstauben mit Stärkemehl entfernen. Die Stärke vor dem Abbürsten einige Tage drauflassen.

Weichgewordene Borsten

- Zahnbürsten, Haar- oder Schrubberbürsten werden wieder fest, wenn sie kurze Zeit in eine Alaunlösung gelegt werden.

Mit Adam fing das Waschen an

Die besten Tips für die Wäschepflege

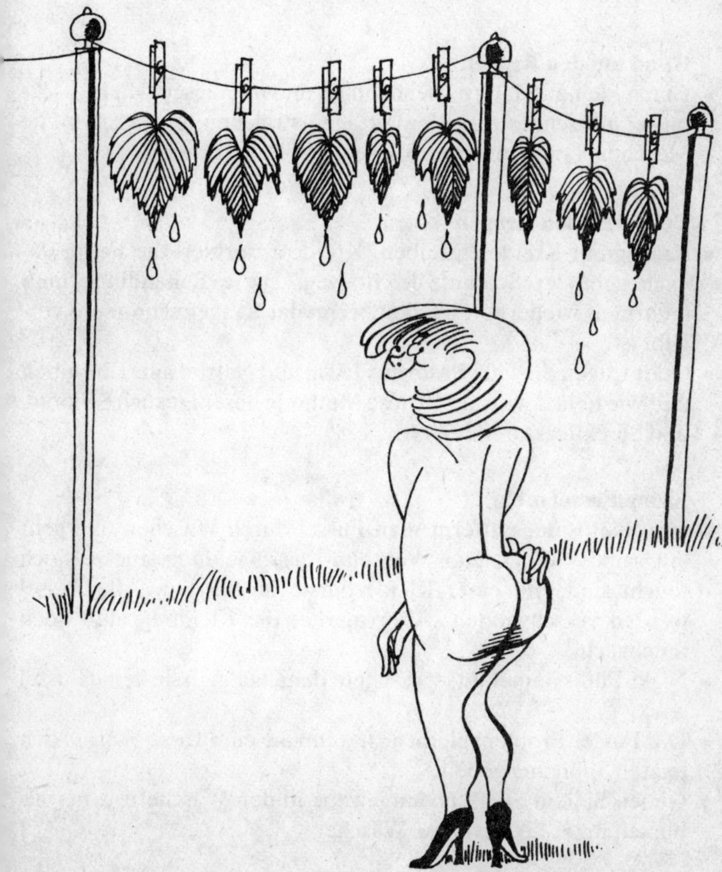

Wußten Sie schon?

- Die Grundsubstanz vieler handelsüblicher Fleckenwasser besteht aus 2 Teilen Wasser auf 1 Teil Spiritus und das läßt sich leicht selber herstellen.

Die Waschmaschine reinigen

- Die Maschine mit warmem Wasser füllen und rund 4 Liter Essig hineingießen. Ein ganzes Waschprogramm durchlaufen lassen. Der Essig reinigt die Schläuche von Kalkablagerungen und Seifenrückständen.

Rund um den Kragen

- Einen kleinen Malerpinsel nehmen und mit diesem Haarwaschmittel auf schmutzige Hemdkragen streichen, bevor sie in die Maschine kommen. Haarwaschmittel löst Körperfette.

Bei vergilbten Kragen

- Kräftig mit Kreide einreiben. Kreide absorbiert die Fette, danach geht der Schmutz leicht weg. Diese Behandlung muß mehrmals wiederholt werden, wenn der Kragen schon sehr vergilbt ist.
- Oder tragen Sie eine Paste aus Essig und Natron auf. Einreiben und wie üblich waschen. Diese Methode beseitigt auch Schmutz und Stockflecken.

Keine Fussel mehr

- Von Kordsamt entfernt man Fussel durch Waschen und sehr langsames Trocknen. Während die Kleidungsstücke noch feucht sind, mit einer Kleiderbürste ausbürsten. Alle Fussel werden verschwinden. Aber merke, die Kleidung muß noch feucht sein!
- Nicki-Pullis immer links waschen, dann nehmen sie keine Fussel an.
- Das Fussel-Problem bleibt aus, wenn Sie eine Tasse Essig in den letzten Spülgang geben.
- Geben Sie ein Stück Nylongewebe in den Wäschetrockner als Fusselfänger für die nasse Wäsche.

- Wenn die Fussel unter und um den Filter des Wäschetrockners feucht erscheinen, bedeutet das, daß die äußere Abluftöffnung verstopft ist. Sie sollten lieber säubern, bevor die Maschine kaputt geht.
- Sehr empfindliche oder fusselige und flauschige Wäsche zum Waschen in einen alten Kissenbezug stecken. Das Fusselsieb der Waschmaschine verstopft nicht so leicht.

Reißverschlüsse

- Sie sollten vor dem Waschen geschlossen werden, damit sie hinterher wieder genau so leicht auf- und zuzumachen sind.

Der letzte Spülgang

- Ein billiges Mittel für weiche und wohlriechende Wäsche: geben Sie immer eine Tasse Essig zum letzten Spülgang in die Waschmaschine.
- Bei Handwäsche ist Essig besonders wichtig. Er neutralisiert die Seife, so daß Sie nur zweimal spülen müssen, er frischt außerdem die Farben auf.
- Ein Teelöffel Bittersalz auf 4 Liter Spülwasser verhindert Ausbleichen oder Verfärben der Wäsche.
- Wenn man Pullover und Trainingsanzüge mit der Hand wäscht, erzielt man beste Ergebnisse mit einem Eßlöffel Haarspülmittel im letzten Spülwasser (wenn kein Weichspüler zur Hand ist).
- Oder: Spülen Sie Wollpullover in lauwarmem Wasser mit einigen Teelöffeln Glyzerin. Das hält sie weich, und sie kratzen nicht beim Tragen.

Wolle – versehentlich falsch gewaschen

- In lauwarmem Wasser einweichen, dem ein gutes Haarshampoo zugegeben worden ist. Manchmal macht dies die Wollfasern genügend weich, um die ursprüngliche Form wieder herzustellen. Der Versuch lohnt sich.

Weiße Wollsachen vergilben nicht

- Sie schützen Ihre weißen Wollsachen vor dem Vergilben, wenn Sie sie in blaues Leinen oder blaues Papier gewickelt aufbewahren.

Federkissen auffrischen

- Wäschetrockner ohne Heizung einschalten und die Kissen 15 Minuten durchwirbeln lassen. Aber aufpassen, daß keine Löcher im Inlett sind, durch die die Federn durchkommen können.

Weiche Wäsche im Trockner

- Schütten Sie einige Becher eines beliebigen Weichspülers in eine kleine Schüssel mit Wasser und legen einen Waschlappen hinein. Auswringen und zusammen mit der nassen Wäsche in den Trockner geben. So einfach ist das. Und billig ist es außerdem.

Feinwäsche waschen

- Die Feinwäsche in einen Kissenbezug stecken und diesen mit einer Plastikklammer o.ä. verschließen. In die Waschmaschine geben und im Schongang waschen.

Zuviel Schaum

- Wenn Ihre Waschmaschine überschäumt, streuen Sie etwas Salz auf den Schaum.

Samtreinigen

- Flor aufrichten und Falten beseitigen. Kleidungsstück (Flor nach oben) über dampfendes Wasser halten, dem etwas Salmiakgeist zugegeben worden ist. Gut bürsten und leicht auf der Innenseite bügeln.

Hartes Leder

- Das harte Fensterleder in warmem Wasser mit einem Löffel Schmierseife (grüne Seife) weich machen.
- Durch einfaches Kneten bekommt man es oft wieder weich.
- Harte Lederhandschuhe werden wieder weich, wenn dem Spülwasser 1 Teelöffel Olivenöl zugegeben wird.
- Man behält weiche Lederhandschuhe nach dem Waschen, wenn die Seife nicht vollständig herausgespült wird.

Rotweinflecken beseitigen

- Den Fleck sofort mit viel Salz bestreuen. Dann in kaltes Wasser tauchen und den Flecken vor dem Waschen rausreiben.

Arbeitskleidung, so sauber wie noch nie

- Geben Sie eine halbe Tasse Salmiakgeist zum Waschwasser.

Damit weiße Socken wieder weiß werden

- In Wasser waschen, dem eine Zitronenscheibe beigefügt ist.

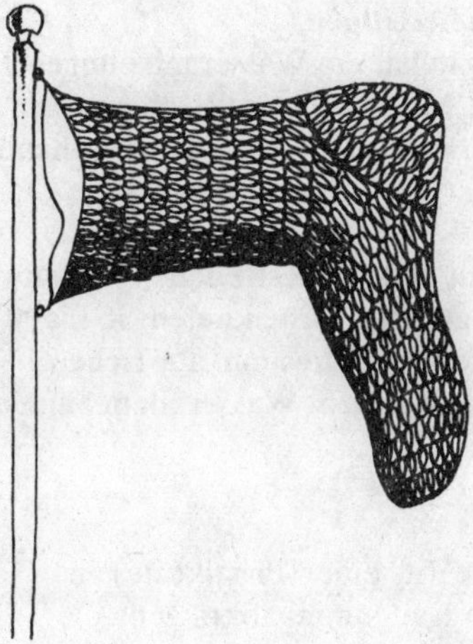

Wäsche schnell bügelfeucht bekommen

- Wäsche mit zwei ordentlich nassen Badetüchern in den Wäschetrockner geben und diesen ohne Hitze einschalten. Wäsche wirbeln lassen, bis sie die gewünschte Feuchtigkeit hat.
- Wenn Sie mit Ihrer feuchten Bügelwäsche nicht fertig werden, stecken Sie sie in die Tiefkühltruhe, bis Sie wieder Zeit haben.

Schnelleres Bügeln

- Über das gesamte Bügelbrett eine widerstandsfähige Aluminiumfolie spannen und mit einem dicken Moltontuch abdecken. Dadurch wird beim Bügeln die Hitze von unten reflektiert.
- Stärken Sie das Abdecktuch des Bügelbretts. Es bleibt dann auch länger sauber.

Stickereien bügeln

- Die Stickerei – Rückseite nach oben – auf ein Frottiertuch legen, dann bügeln. All die kleinen Zwischenräume der Stickerei werden glatt.

Alkoholflecken beseitigen

- Frische Flecken in kaltem Wasser mit einigen Teelöffeln Glyzerin einweichen. Mit Essig und Wasser spülen. Solche Flecken werden leicht bräunlich, deshalb gleich behandeln.

Blutflecken

- Den Flecken mit Natron bestreuen. Tropfenweise kaltes Wasser dazugeben, zu einer Paste kneten. 15 bis 30 Minuten einwirken lassen, mit einem Schwamm abwischen.
- Abtupfen mit lauwarmem Wasser, dem Salmiakgeist zugesetzt wurde.

Kaugummi

- Kleidungsstücke (in einer Plastiktüte) ins Gefrierfach legen. Den gefrorenen Kaugummi abkratzen.
- Oder den Kaugummi vor dem Waschen durch Einweichen in Essigessenz lösen.

Kerzenwachs oder Wachsmalkreiden

- Die befleckten Stellen zwischen saubere Papiertücher oder Toilettenpapier legen und mit warmem Eisen (Wolle/Seide) bügeln.

Fettflecken auf Strickwaren

- Sprudelndes Mineralwasser wirkt Wunder beim Entfernen von Fett aus gestrickten Wollgeweben.

Obstflecken

- Flecken bei kochbarem Gewebe (Baumwolle/Leinen) aus etwa 1 Meter Höhe mit kochendem Wasser übergießen.
- Andere, nicht kochbare Gewebe beträufelt man mit Zitronensaft oder Essigessenz und wäscht sie lauwarm mit Seife nach.

Kugelschreiberflecken

- Wenn kein Spezialentferner zur Hand ist, nehmen Sie Haarspray. Reichlich aufsprühen. Mit sauberem trockenem Tuch reiben und normalerweise werden die Flecken weg sein. Besonders gut funktioniert das auf Polyestergewebe.
- Oder vor dem Waschen mit Alkohol oder Essig rausreiben.

Rostflecken

- Zitronensaft und Salz auftragen, dann in die Sonne legen.
- Rost kann von Weißwäsche entfernt werden, wenn man die Flecken mit Weinsteinpulver bedeckt, dann die Enden des Stücks zusammenlegt, so daß das Pulver auf dem Fleck bleibt. Das Stück mit dem Fleck etwa 5 Minuten in heißes Wasser tauchen. Danach normal waschen.
- Auch handelsübliche Rostentferner können benutzt werden.

Schimmel- bzw. Stockflecken

- Nach dem Einfeuchten mit Zitronensaft begießen, mit Salz bestreuen und in der Sonne trocknen.
- Probieren Sie's mit der Zugabe einer halben Tasse Lysol zum Waschwasser.
- Leder mit gleichen Teilen Wasser und Spiritus auf einem Schwamm bearbeiten.

Schweißflecken

- Wäschestücke in warmem Essigwasser einweichen. Dann normal waschen.

Versengtes

- Auf Weißwäsche: Mit einem in Wasserstoffsuperoxyd eingeweichten Baumwolltuch einreiben. Verwenden Sie die 3%-Lösung, die als mildes Desinfektionsmittel verkauft wird.

- Buntes, farbechtes Leinen und Baumwolle: Ein Tuch mit Wasserstoffsuperoxyd tränken, das Tuch auf die versengte Stelle legen und mit einem warmen Eisen bügeln.

Schuhcremeflecken

- Mit Spiritus entfernen. Bei farbigem Gewebe 1 Teil Spiritus auf 2 Teile Wasser nehmen, bei weißem unverdünnt.

Teer

- Den Teerfleck mit Petroleum entfernen, dann mit Waschmittel auswaschen. Die meisten Stoffe werden durch Petroleum nicht entfärbt – aber das probieren Sie besser erst aus.

Beim Reinigen mit Benzin ist zu beachten

- Achten Sie darauf, daß Sie mit kreisenden Bewegungen von außen nach innen reiben. Nur so entsteht kein Rand.
- Öffnen Sie das Fenster bei dieser Arbeit.

Taftunterröcke steifen

- Taftunterröcke werden nach dem Waschen wieder steif, wenn man dem letzten Spülwasser zwei Blatt Gelatine zugibt.

Trägerbänder an Unterwäsche

- Sie können die Trägerbänder etwas stärken, dann rollen sie sich nicht immer wieder zusammen und bleiben glatt liegen.

Wäscheleine

- Putzen Sie von Zeit zu Zeit Ihre Wäscheleine mit Seifenlauge, dann bleibt die Wäsche ohne häßliche Flecken.

Wasserdichte Regenmäntel

- Die gewaschenen Regenmäntel, Anoraks, Handschuhe oder auch Rucksäcke leicht abtrocknen lassen und dann in eine Lösung aus 9 Teilen Wasser und 1 Teil essigsaure Tonerde legen. Zwei Stunden liegen lassen und dann, ohne nochmaliges Spülen, naß aufhängen.

Schneider, Schneider meck, meck, meck…

Die besten Tips fürs Nähen

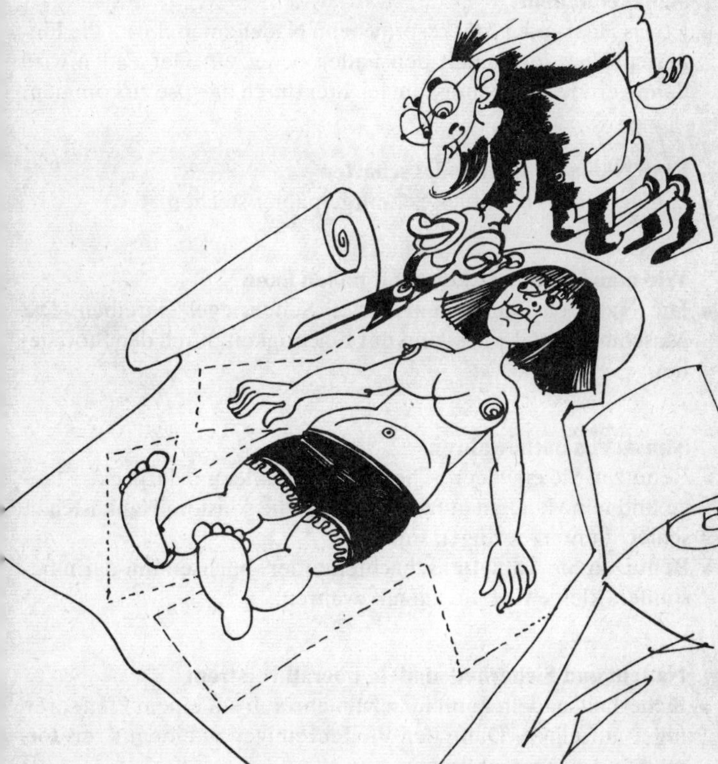

Kleider säumen, leicht gemacht

- Eine Gummi-Saugglocke ist ein brauchbares Instrument, um einen Rock zum Säumen zu markieren. Stellen Sie die Glocke mit dem Gummipfropfen auf den Boden, markieren Sie ihn für die gewünschte Rocklänge und gehen dann damit rund um den Rock. Da die Glocke von selbst steht, haben Sie beide Hände frei zum Markieren mit Schneiderkreide oder Stecknadeln.

Nadel einfädeln

- Etwas Haar- oder Stärkespray beim Nadeleinfädeln auf die Finger sprühen und damit den Faden benetzen. Der Faden wird dann gerade steif genug, um leichter durch die Öse zu kommen.

Eine Nähmaschinennadel schärfen

- Einfach durch ein Stück Schmirgelpapier stechen.

Wie man leichter dicken Stoff nähen kann

- Die Nahtstelle mit einem harten Seifenriegel einreiben. Die Maschinennadel wird dann mit Leichtigkeit durch den Stoff gehen.

Nähsachen aufbewahren

- Benutzen Sie eine leere Thermometerhülle, um darin extra lange und feine Nadeln aufzubewahren, die sonst im Nähkästchen schlecht unterzubringen sind.
- Benützen Sie Tablettenschachteln oder -büchsen um darin besonders kleine Knöpfe aufzubewahren.

Nadeln und Sicherheitsnadeln überall verstreut

- Sicherheitsnadeln kann man zu mehreren auf einem Pfeifenreiniger aufreihen. Dann den Pfeifenreiniger zu einem Kreis formen und zusammendrehen.
- Legen Sie einen kleinen Magnet in Ihren Nähkorb, um darauf Nadeln und Stecknadeln zu deponieren, die sonst so leicht während des Nähens auf den Boden fallen.

Einen Reißverschluß wiederverwenden

- Sprühen Sie ihn reichlich mit Stärke ein, und er wird sich wie ein neuer einnähen lassen.

Knöpfe und Knopflöcher

- Hier ist ein Tip, wie Knöpfe mit vier Löchern länger halten. Nähen Sie jeweils nur durch zwei Löcher, Faden für jedes Lochpaar einzeln abschneiden und verknoten. Auf diese Weise hält der Knopf immer noch, wenn sich einer der Fäden löst.
- Wenn Sie Knöpfe an Mäntel oder andere schwere Stoffe nähen, stecken Sie einen Bleistift zwischen Stoff und Knopf und nähen diesen erst locker an. Dann Bleistift entfernen und die Fäden fest umwickeln, Faden verknoten.
- Benützen Sie Zahnseide oder elastischen Faden, um Knöpfe an Kinderkleidung zu nähen. Die Knöpfe werden viel länger als sonst halten.
- Wenn es schwierig ist, einen Knopf vom Kleidungsstück zu entfernen, fahren Sie mit einem Kamm unter den Knopf und schneiden ihn mit einer Rasierklinge ab.
- Legen Sie die Schnittstelle auf einen Seifenriegel und schneiden Sie mit einer Rasierklinge, wenn Sie in einen schweren Stoff ein gerades Knopfloch schneiden wollen.

Druckknöpfe annähen

- Nähen Sie erst einen Teil an. Dann fahren Sie mit einem Stück Kreide über die erhabenen Teile des Knopfes, legen das Gegenstück des Stoffes exakt darauf und reiben mit dem Finger darüber. Damit ist genau der Punkt markiert, auf dem Sie das Gegenstück des Knopfes annähen müssen.

Wie Abzeichen und Embleme leicht anzunähen sind

- Geben Sie einige Tropfen eines guten weißen Leims auf die Rückseite des Emblems und pressen dieses an der richtigen Stelle auf das Kleidungsstück, einige Minuten antrocknen lassen. Das Emblem kann dann von Hand oder mit der Maschine leicht angenäht werden, ohne daß es verrutscht oder schief wird. Der Leim wird allmählich beim Waschen herausgehen.

Wenn das Fußpedal einer Nähmaschine verrutscht

- Kleben Sie ein Stück Schaumstoff unter das Pedal einer tragbaren Nähmaschine, damit es nicht auf dem Boden herumrutschen kann.

Ausgeleierte Gummis

- Wenn ein angenähtes Gummiband ausgeleiert ist, ziehen Sie einfach mit einer Stopfnadel eine Hutgummischnur durch. Zusammenziehen und verknoten.

Kein Knoten im Nähgarn

- Gibt's immer Knoten, wenn Sie mit einfachem Faden nähen? Wenn ja, dann verknoten Sie jenes Fadenende, das eben von der Fadenrolle abgeschnitten wurde.

Wenn die Nähmaschine geölt wurde

- Nähen Sie einige Male nach dem Ölen durch ein Löschpapier, damit noch eventuell vorhandenes Öl Ihren Stoff nicht beschädigt.

Zwei Tricks für's Stopfen

- Bei Fingerhandschuhen benützen Sie Glasmurmeln als Stopfei.
- Bei Maschinenflickerei unterlegen Sie die brüchige Stelle mit Papier, das sich bei der nächsten Wäsche herauswäscht.

Ein praktisches Nadelkissen

- Ein Seifenriegel eignet sich prima für's Hineinstecken von Näh- und Stecknadeln. Sie werden dadurch gleichzeitig geschmiert und gehen dann leicht auch durch schwere Stoffe.

Wollknäuel gut aufgehoben

- Wenn Sie mit mehreren Wollknäueln arbeiten, stecken Sie sie in eine Plastiktüte mit kleinen Löchern (z.B. eine solche, in der Sie Ihre Kartoffeln kaufen). Fädeln Sie die verschiedenen Garne durch verschiedene Löcher der Tüte. Während Ihrer ganzen Strick- oder Stickarbeit wird sich das Garn nicht verwirren.

Nähen auf Kunststoff-Folie

- Legen Sie Pergamentpapier über die Nahtstelle, und die Nähmaschine wird weder am Plastik hängen bleiben, noch dieses zusammenkräuseln. Nach dem Nähen läßt sich das Papier leicht abreißen.

Nähen auf Nylongewebe

- Es entstehen keine Risse und Löcher, wenn man die zu reparierenden Nähte mit Papier unterlegt. Durch Gewebe und Papier nähen und danach das Papier abreißen.

Wie Schnittmuster länger halten

- Neue Schnittmuster mit Imprägniermittel einsprühen. Sie werden länger halten, weniger leicht reißen oder verknittern.

Nadelkissen für die Nähmaschine

- Legen Sie unter Ihre Maschine eine Schaumstoffplatte oder ein flaches Stuhlkissen, daß seitlich etwa 10 cm heraussteht, dann können Sie erstens Ihre Nadeln dort hineinstecken und das Nähen verursacht außerdem weniger Geräusch.

Jeans flicken

- Die noch heilen Teile von abgetragenen Jeans aufbewahren, dann haben Sie immer passende Flicken zur Hand. Die noch guten alten Hosenbeine eignen sich gut zum Verlängern von zu kurz gewordenen Jeans.

Ordnungstip

- Wenn man mit seiner Näharbeit nicht fertig wird, hängt man die zugeschnittenen Teile auf einen Drahtkleiderbügel mit Querstange und hängt die Zutaten (Knöpfe, Garn, Reißverschluß) in einer Plastiktüte dazu. So hat man alles sauber beisammen im Schrank.

Schöne Grüße vom Weihnachtsmann

Die besten Tips zum Aufbewahren und Verpacken

Feuchte Wandschränke

- Um einen feuchten Schrank »trocken zu legen«, füllt man alte Kaffeebüchsen mit Holzkohlestücken. Löcher in den Deckel machen und den Behälter auf den Boden stellen. Bei größeren Räumen mehrere Dosen verwenden.
- Sie können die Feuchtigkeit auch reduzieren, wenn Sie ein Dutzend Kreidestücke aneinander binden und aufhängen.

Modriger Geruch

- Ein Nylonstrumpf mit Zedernholzstückchen in den Schrank gehängt verbreitet einen angenehmen Geruch und verhindert auch Mottenfraß.
- Um muffigen Geruch aus einer Truhe, einem Schrankkoffer o.ä. zu vertreiben, stellen Sie über Nacht eine Kaffeebüchse voll Katzenstreu-Deodorant hinein.

Vor Motten schützen

- Zusätzlich zu Mottenkugeln bzw. -streifen legen Sie ganze Gewürznelken in die Taschen von Wollsachen oder in die Hülle, in denen Sie die Sommersachen bzw. Wintersachen verstauen. Das hält die Motten fern und riecht angenehm.
- Bevor Sie Wolldecken für längere Zeit verstauen, waschen Sie sie und geben Sie dabei 2 Tassen voll Mottenkugeln ins Spülwasser.

Ein Tip zum Kleider-Aufheben

- Heben Sie Kleidung über den Winter oder Sommer in großen Waschmitteltrommeln mit dichtem Deckel auf. Damit ist die Kleidung mottensicher und bleibt selbst in feuchten Lagerräumen trocken.

Regale mit Klebefolie auslegen

- Machen Sie sich zuerst ein Muster aus Zeitungspapier, bevor Sie Regale oder Schubladen mit Klebefolie auslegen. Übertragen Sie das Schnittmuster auf die Folie und sie wird passen.
- Wenn der Untergrund nicht restlos sauber war, klebt die Folie oft nicht an. Behelfen Sie sich mit einem angefeuchteten Lei-

nentuch und einem Bügeleisen auf mittlerer Heizstufe. Bügeln Sie vorsichtig die Folie an.

Zarte Porzellanteller stapeln

- Legen Sie beim Stapeln Papierservietten zwischen die Teller, damit es keine Kratzer gibt.

Tips zum Aufheben von Schmuck, Gürteln und Handtaschen

- Eierschachteln eignen sich prima zum Schmuck-Aufheben.
- Legen Sie ein Stück Kreide in die Schmuckschatulle, damit die Schmuckstücke nicht anlaufen.
- Damit sich Ketten nicht verheddern, hängen Sie sie an Haken in Ihrem Schrank auf.
- Gürtel und Handtaschen kann man gut an großen Haken (wie sie z.B. für Duschvorhänge verwendet werden) an Kleiderbügeln oder im Schrank aufhängen.

Kein Umfallen mehr

- Spannen Sie ein breites Wäschgummiband o.ä. quer in Schubladen, damit kleine Flaschen (mit Nagellack, Tinte etc.) in Schreibtisch- oder Schrankschublade stehen bleiben und nicht umfallen können.

Wichtige Zeitungsausschnitte dauerhaft haltbar machen

- Lassen sie über Nacht eine Magnesiumoxydtablette in 1 Liter Mineralwasser auflösen. In eine Schüssel gießen, die groß genug ist für den flach gelegten Zeitungsausschnitt. Eine Stunde einweichen, herausnehmen und trocknen. Nicht berühren, bevor er völlig trocken ist. Hält bestimmt 200 Jahre.

Pakete und Päckchen einwickeln

- Bevor Sie Geschenkpapier z.B. von einer Rolle abschneiden, legen Sie eine Schnur um das Einzupackende, schneiden sie ab und verwenden sie als Maß für das Papier.
- Bevor Sie ein Paket postfertig schnüren, machen Sie die Schnur oder Kordel naß. Dies verhindert, daß die Schnur verrutscht, und – einmal getrocknet – wird sie besonders gut halten.

Weitere Tips

- Durchsichtige Plastikfolie im Kühlschrank aufbewahren, dann klebt sie nicht zusammen.
- Plastikfolie kann man mit dem Bügeleisen zusammenschweißen. Es wird zwischen Wolle und Seide auf der Skala eingestellt. Über die Plastikfolie muß Seidenpapier gelegt werden.
- Plätzchen mit Popcorn umhüllt verschicken, dann zerbröseln sie nicht so leicht.
- Glühbirnen kann man prima in gefächerten Getränke- oder Joghurtkartons aufbewahren.
- Wenn Briefmarken zusammengepappt sind, ins Gefrierfach legen. Meistens gehen sie dann auseinander und sind trotzdem noch klebefähig.
- Oder man legt sie zwischen dünnes Seidenpapier und bügelt mit heißem Eisen darüber. Sie lösen sich dann sofort voneinander.
- Verlängerungskabel können aufgehoben werden, wenn man sie in einer weiten Papprolle (z.B. von Papierküchentüchern) aufbewahrt.
- Sind Gummiringe hart geworden, so legt man sie in eine Lösung von einem Drittel Salmiakgeist und zwei Dritteln Wasser, damit sie wieder weich werden.
- Babywindeln eigenen sich hervorragend als Füllmaterial in Paketen mit zerbrechlichem Inhalt.

Aus meinem Nähkästchen…

Die besten Tips
für Kleider, Schmuck und Schuhe

Haltbarere Strumpfhosen

- Eine neue Strumpfhose sollte erst einmal eingefroren werden, bevor sie getragen wird. Nicht lachen, sie wird länger halten, wenn man sie gut naß macht, vorsichtig auswringt, in eine Plastiktüte legt und im Gefrierfach tiefkühlt. Gefroren taut man sie in der Badewanne auf und hängt sie zum Trocknen. Das ist ein ganz verrückter Trick, aber er funktioniert.
- Oder ganz, ganz wenig stärken. Es gibt dann weniger leicht Laufmaschen.

Eine Laufmasche stoppen

- Haarspray draufgeben oder mit nasser Seife reiben. Natürlich hilft auch immer noch farbloser Nagellack.

Knöpfe versiegeln

- Auf die Mitte jedes Knopfes vorne und hinten etwas Nagellack geben. Das versiegelt den Faden und die Knöpfe halten länger.
- Knöpfe halten länger, wenn man den Faden vorher über eine Wachskerze gezogen hat.

Gegen anhaftende Kleider

- Unterwäsche stärken, dann kleben Röcke und Kleider aus Kunstfasern nicht so leicht am Körper.
- Einen Metallkleiderbügel zwischen Kleid und Nylonunterwäsche hindurchziehen. Das mindert die elektrische Aufladung, und das Kleid haftet nicht.

Falten beseitigen

- Verknitterte Kleidung an die Vorhangstange im Badezimmer hängen und die Dusche mit ganz heißem Wasser eine Weile laufen lassen. Badezimmertür schließen. Der Dampf dringt in den Stoff, und die Falten verschwinden. Diesen Tip sollte man sich vor allem für die Reise merken.

Aufgerauhtes glätten

- Entfernen Sie alle kleinen Fusselbällchen, die an Mischgewebe bei Hemdkragen und Manschetten entstehen durch Drüberrasieren.

Der vorige Trick funktioniert auch bei Trainingsanzügen

- Knoten und Bällchen mit einem Handrasierer (sehr vorsichtig) oder mit einem Elektrorasierer abschneiden.

Klemmende Reißverschlüsse

- Sie werden leicht gleiten, wenn sie mit einem Bleistift eingerieben werden oder
- ganz leicht einfetten.

Saumfalten beseitigen

- Essig hilft, eine Dauerfalte zu beseitigen. Den Stoff gut mit Essig vollsaugen lassen, dann mit einem warmen Eisen ausbügeln.
- Versuchen Sie diesen Trick beim Verlängern alter Jeans: Die hellen Linien vom Saum werden verschwinden, wenn Sie wischfeste Tinte mit Wasser mischen (Wasser zugeben, bis der Ton stimmt) und dann mit einer kleinen Bürste auftragen. Trocknen lassen, und der Strich ist verschwunden.

Skihosen – schnell selbst gemacht

- Verwandeln Sie normale Jeans in Skihosen, indem Sie sie mit wasserabstoßender Imprägnierflüssigkeit besprühen.

Aufschläge befestigen

- Oft gehen die Hosenaufschläge bei Jeans nach dem Waschen ab. Um das zu vermeiden, befestigen Sie einen breiten Streifen des aufbügelbaren Kleiderstoffs (wie man ihn auch zum Flicken verwendet) unter den Aufschlägen. Es wird damit dann keine Probleme mehr geben.

Ketten wieder auffädeln

- Verwenden Sie die dünnste Angelschnur, um eine zerrissene Halskette wieder aufzufädeln. Diese Schnur ist so fest, daß Sie keine Nadel brauchen und dennoch elastisch, so daß die Kette schön hängt.
- Wenn Sie Perlen verschiedener Größe wieder auffädeln wollen, befestigen Sie einen Klebstreifen (mit der Klebeseite nach oben) auf eine glatte Fläche. Darauf die Perlen in die richtige Reihenfolge bringen, dann auffädeln.

Eine Kette entknoten

- Wenn eine Halskette verknotet ist, tropfen Sie etwas Speiseöl auf ein Stück Pergamentpapier, legen den Knoten in das Öl und entwirren ihn mit zwei Stopfnadeln. Er läßt sich leicht aufknöpfen.

Schmuck reinigen bzw. aufbewahren

- Echter Schmuck wird am besten mit warmem Seifenwasser, dem man etwas Salmiakgeist beigegeben hat, gereinigt.
- Manche Schmuckstücke aus unedlen Metallen hinterlassen auf Haut und Kleidung dunkle, häßliche Flecke. Wenn Sie die Rückseite des Schmuckstückes mit farblosem Lack – auch farblosem Nagellack – einpinseln, dann ist diesem Übel abgeholfen.
- Sind goldene Gegenstände durch langes Liegenlassen matt geworden, so reiben Sie sie mit Zwiebelsaft ein und lassen sie 1-2 Stunden so liegen; hierauf mit weichem Lappen polieren.
- Silberschmuck, der nicht oft getragen wird, wird sich nicht verfärben, wenn man ihn in Alufolie fest einwickelt.

Schuhe säubern und polieren

- Nagellackentferner eignet sich bestens, um Teer- und Schmierflecke von weißen Schuhen zu entfernen. Nicht für Plastik!
- Eine Lösung aus gleichen Teile Essig und Wasser beseitigt Streusalz von Schuhen und Stiefeln.
- Ihre Lackleder-Schuhe bringen Sie durch Einreiben mit etwas Vaseline auf Hochglanz.
- Fleckige Lederschuhe werden wieder wie neu, wenn sie mit einer halbierten Zwiebel abgerieben werden. Mit einem weichen Lappen nachpolieren.
- Fensterputzsprühmittel oder Möbelpolitur geben allen Lederschuhen schönen Glanz.
- Weiße Schuhcreme wird sich leicht auftragen lassen, wenn Sie vorher die Schuhe mit Spiritus oder rohen Kartoffelstücken abreiben.
- Weiße Schuhcreme wird sich nicht verwischen, wenn Sie nach vollständigem Trocknen die Schuhe mit Haarspray übersprühen.

- Schneeränder beseitigt man an Lederschuhen durch Abreiben mit Petroleum.

Tips zum Trocknen

- Schuhe trocknen schneller, wenn man sie mit zusammen geknülltem Zeitungspapier ausstopft.
- Eine Möglichkeit für rasches Trocknen von Kinder-(Gummi-)stiefeln: Einen tragbaren Haarfön in die Stiefel halten, laufen lassen bis die Stiefel trocken sind.
- Ein Paar Schuhe trocknet man schnell und praktisch, wenn man sie mit den Absätzen an den Sprossen eines Stuhls aufhängt. Die Schuhe sind dann nicht im Weg und dennoch rundum der Luftzirkulation ausgesetzt.
- Regennasse Schuhe werden nicht hart, wenn man sie vor dem Trocknen gut mit Sattelfett (in Schuhgeschäften erhältlich) einreibt. Nicht direkt an der Heizung trocknen lassen. Wenn sie ganz trocken sind, gut einwichsen.

Einige Tips für Segeltuchschuhe

- Neue Segeltuch- oder mit Stoff versehene Schuhe mit einem Imprägnierungsmittel einsprühen, damit sie lange wie neu aussehen.
- Segeltuch- und ähnliche Schuhe säubert man mit einer Zahnbürste, die man in Teppichshampoo getaucht hat.
- Neue Tennisschuhe sehen länger gut aus, wenn man sie reichlich mit Stärke besprüht.

Knarrende Schuhe

- Das unangenehme Knarren bei neuen Schuhen verschwindet, wenn man die Schuhsohlen und ihre Ränder mit warmem Leinöl einreibt, am besten wiederholt man dieses Vorgehen mehrmals. Die Sohlen werden dadurch auch haltbarer.

Die Schnürsenkel halten länger

- Legen Sie die neuen Schnürsenkel vor dem ersten Gebrauch einige Stunden in essigsaure Tonerde. Sie halten nocheinmal so lang.

- Ausgefranzte Schnürsenkel in farblosen Nagellack tauchen und trocknen lassen. Sie lassen sich wieder ohne weiteres einfädeln.

Eingetrocknete Schuhcreme

- Sie wird wieder geschmeidig und gebrauchsfähig, wenn Sie einige Tropfen Milch oder Terpentinöl dazugeben.

Spieglein, Spieglein an der Wand…

Die besten Tips zur Schönheitspflege

Ein großartiger Feuchtigkeitsspender

- Gesicht sorgfältig waschen. Während das Gesicht noch naß ist, ein wenig Vaseline einmassieren. Weiterhin das Gesicht naß machen, bis die Vaseline gleichmäßig verteilt ist und die Haut nicht fettig glänzt. (Viele teure Schönheitssalons benutzen diese Behandlung, ohne ihr Geheimnis zu verraten!) Sie werden überrascht sein, wie weich und glatt sich Ihr Gesicht anfühlt. Beachten Sie: Die Haut wird nicht fettig bleiben, wenn Sie dauernd ein wenig Wasser hinzugeben.

Abgestorbene Haut – völlig entfernen

- Ein Salatdressing, wie man es fertig kaufen kann, das aber keine Mayonnaise enthalten darf, eignet sich gut zum Entfernen abgestorbener Haut. Ein wenig davon in die Haut einmassieren und etwas antrocknen lassen. Während die Haut noch feucht ist, beginnen Sie dann das Gesicht mit den Fingerspitzen kräftig zu massieren. Sie werden überrascht sein, wie viel abgestorbene Haut abblättert. Diese Behandlung eignet sich auch für Füße, Ellenbogen und Knie.

Entspannen Sie Ihre Haut

- Waschen Sie gründlich Ihr Gesicht. Gießen Sie etwas Apfelessig in ein Becken mit warmen Wasser und bespritzen Sie Ihr Gesicht damit reichlich. Ohne Handtuch trocknen lassen. Wenn Sie das einmal täglich machen, wird das den natürlichen PH-Wert, d.h. den Säuremantel, Ihrer Haut wieder herstellen. Wer an Akne leidet, sollte dies auch versuchen.
- Anstelle das Gesicht zu bespritzen, kann man die oben beschriebene Flüssigkeit auch aufsprühen. Die Sprühflasche steht immer bereit und man vergißt die Kur nicht so leicht.

Mineralwasser – ein frisches Make-up

- Wenn Ihr Gesicht sorgfältig gereinigt ist, besprühen Sie es mit kaltem Mineralwasser.
- Nach dem Auftragen Ihres Make-ups besprühen Sie das Gesicht mit Mineralwasser oder tränken Sie ein Papiertaschentuch in Mineralwasser und tupfen Sie damit leicht über Ihr Gesicht. Ihr Make-up wird länger als sonst tadellos frisch bleiben.

Das am schnellsten wirkende Mittel gegen unreine Haut

- Betupfen Sie die Stellen mehrmals täglich mit Zitronensaft.

Der beste Porenreiniger

- Bringen Sie einen Liter Wasser zum Kochen und stellen Sie es auf einen Tisch. Geben Sie den Saft oder die Schale einer halben Zitrone dazu, sowie eine Handvoll irgendwelcher Kräuter (Rosmarin, Basilikum, Thymian, Minze...) Eine Bademütze aufsetzen und ein Handtuch über den Kopf und den Topf drapieren. Das Gesicht etwa 30 cm über das Wasser halten. Mit geschlossenen Augen etwa 15 Minuten über den Dampf bleiben. Danach mit sehr kaltem Wasser nachspülen, damit sich die Poren wieder schließen. Beachten Sie aber: Diese Kur solle nicht mehr als einmal pro Woche angewendet werden, weil sonst die Haut ihrer natürlichen Fette beraubt wird.

Eine billige, aber großartige Gesichtskur

- Rühren Sie eine Paste aus Hafermehl und Wasser an. Auf das Gesicht auftragen und trocknen lassen, bis es sich straff anfühlt. Mit den Fingerspitzen abreiben. Dadurch löst sich abgestorbene Haut und die Mitesser lassen sich leicht entfernen.

Süßes für Ihren Teint

- Vermischen Sie einen Teelöffel Zucker mit Seifenschaum und benützen Sie dies als Reinigungsmittel.

Haarfestiger

- Ein Teelöffel Zucker oder Gelatine, in einer Tasse warmen Wassers aufgelöst, gibt einen brauchbaren Haarfestiger.
- Eine besonders gute Fixierung erhalten Sie, wenn Sie einen Gelatine-Wackelpudding mit Ihrem Lieblingsgeschmack verwenden. Sie haben richtig gelesen, dieser soll eßfertig zubereitet sein! Benutzen Sie ihn wie jeden geleeartigen Haarfestiger.
- Versuchen Sie's auch einmal mit Hamameliswasser oder abgestandenem Bier.

Haarpflege

- Mayonnaise eignet sich gut zur Pflege von trockenem Haar. Geben Sie eine halbe Tasse Mayonnaise in das trockene, ungewaschene Haar. Mit einer Plastiktüte bedecken und 15 Minuten einwirken lassen. Einige Male durchspülen, bevor mit einer sorgfältigen Haarwäsche begonnen wird.

Haare nachspülen

- Blonde spülen das Haar mit Wasser nach, dem einige Teelöffel Zitronensaft zugesetzt wurden. Brünette und Rothaarige spülen mit Wasser, das mehrere Teelöffel Apfelessig enthält. Beides wird den Seifenfilm entfernen und dem Haar wunderschönen Glanz verleihen.
- Brünette und Rothaarige können das Haar im letzten Durchgang auch mit Kaffee spülen. Sie werden sich wundern, wie voll und glänzend Ihr Haar erscheinen wird.
- Sie möchten einen rötlichen Schimmer im Haar? Dann kochen Sie eine Handvoll Lorbeerblätter etwa 20 Minuten in einem Liter Wasser, abkühlen lassen und das Haar einige Male damit spülen. Die Haare bekommen einen schönen, warmen roten Ton.

Selbstgemachtes Trockenshampoo

- Wenn eine normale Haarwäsche unmöglich ist, machen Sie sich Ihr eigenes Trockenshampoo, indem Sie 1 Teelöffel Salz und eine halbe Tasse Maismehl zusammenmischen. In einen Salzstreuer mit großen Löchern füllen, leicht über fettiges Haar streuen und den Schmutz herausbürsten.
- Babypuder oder Stärkemehl eignen sich auch als Trockenshampoo.

Eine perfekte Schnellfrisur

- Anstelle elektrischer Lockenwickler rollen Sie das völlig trockene Haar auf normale Wickler auf und bedecken Sie es dann mit einem warmen, feuchten Tuch. Einige Minuten darauflassen. Das Haar trocknen lassen und Sie haben Ihre perfekte Schnellfrisur.

- Einen „Afro-look“ frischen Sie auf durch Besprühen mit einem Wasserzerstäuber, wie man ihn für Blumen benutzt.

Angenehmes für die Augen

- Geben Sie vor dem Schlafengehen etwas Rizinusöl rund um Ihre Augen. Es muß aber geruchlos sein, wie es von Chirurgen nach Schönheitsoperationen bei den Patienten angewendet wird.
- Entzündete oder überanstrengte Augen mit Borwasser oder Kamillentee auswaschen.

Maniküre

- Mischen Sie eine Tasse warmes Wasser mit dem Saft einer halben Zitrone. Fingerspitzen 5 Minuten eintauchen. Abspülen und trockenschütteln, Nagelhaut zurückschieben. Zitronenschale kräftig über die Nägel reiben. Mit einem weichen Tuch nachpolieren.
- Brüchige Fingernägel werden wieder fest, wenn sie jeden Abend mit Glyzerin eingerieben werden.

Schnelles Trocknen von Nagellack

- Nagellack trocknet schneller, wenn Sie die Hände mit dem teilweise angetrockneten Lack in eine Schüssel mit sehr kaltem Wasser halten.
- Oder stecken Sie Ihre Hände kurz ins Gefrierfach.

Damit die Nagellackflasche nicht verklebt

- Geben Sie etwas Vaseline in den Deckel und auf das Gewinde einer neuen Nagellackflasche. Es gibt dann selbst nach Monaten keine Probleme mehr beim Öffnen der Flasche.

Sie werden Nagellack niemals mehr wegschmeißen müssen

- Ihr Nagellack wird immer glatt und leicht aufzutragen sein, wenn Sie ihn im Kühlschrank aufbewahren. Auch gefrorener Nagellack zersetzt sich nicht.
- Wenn der Lack jedoch bereits gummiartig oder hart geworden ist, stellen Sie die Flasche in einen Topf mit heißem Wasser. Im Nu wird der Lack so gut wie neu sein.

Lang anhaltender Parfümduft

- Eingefettete Haut hält Parfümdüfte länger als trockene. Deshalb reiben Sie eine sehr dünne Vaseline-Schicht in die Haut ein, bevor Sie Parfüm auftragen. Sie werden dann für Stunden angenehm duften.

Gurken gegen müde Augen

- Legen Sie frische, kalte Gurkenscheiben auf Ihre Augenlider, wenn sie gerötet oder angeschwollen sind.

Deodorant auf zweierlei Weise selbstgemacht

- Mischen Sie 2 Teelöffel Alaunpulver (in Drogerien erhältlich) in einen knappen halben Liter warmen Wasser. Gut umrühren. Ein bißchen Kölnisch Wasser oder After-Shave-Lotion hinzugeben und in eine Sprühflasche füllen.
- Oder: je 2 Teelöffel Natron, Vaseline und Talkpuder miteinander vermischen. Im Wasserbad bei niedriger Hitze erwärmen und rühren bis es eine glatte Creme gibt. Füllen Sie die Creme in einen kleinen Behälter mit dichtem Deckel und benützen Sie sie wie jede andere Deo-Creme.

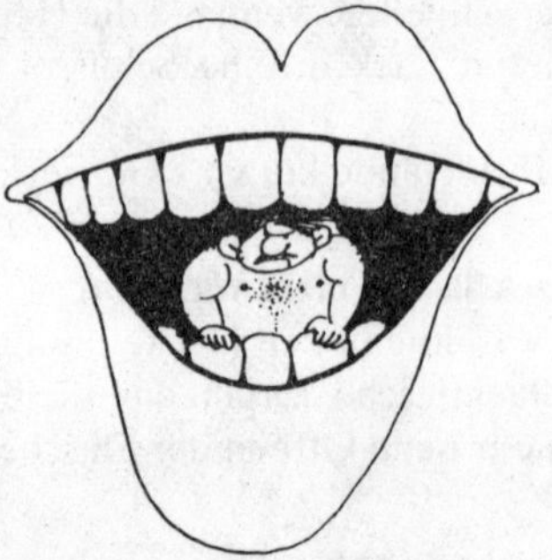

Zähneputzen einmal anders

- Um Belag und Flecken von den Zähnen zu entfernen, putzen Sie die Zähne kräftig mit einer Zahnbürste, die Sie vorher in eine zerdrückte Erdbeere getaucht haben.

- Oder putzen Sie mit reinem Natron bis Sie den Unterschied bemerken.

Einen abgebrochenen Lippenstift reparieren

- Erhitzen Sie die beiden Bruchstellen über einem Streichholz oder Feuerzeug bis sie genug angeschmolzen sind, damit sie durch Zusammenpressen wieder halten. Im Kühlschrank abkühlen.

Mittel gegen Sonnenbrand

- Zum Abkühlen der betroffenen Stellen Apfelessig einreiben.
- Mit einem nassen Teebeutel leicht betupfen.
- Oder eine Paste aus Natron und Wasser auftragen.

Parfüm umfüllen ohne Trichter

- Wollen Sie Parfüm oder Lotion in eine kleine Flasche umfüllen und haben keinen Trichter, dann nehmen Sie eine Eierschalenhälfte, stechen ein Loch hinein und das Eingießen erfolgt problemlos.

Parfümflecken entfernen

- Parfümflecken lassen sich mit verdünntem Salmiakgeist aus Textilien entfernen.

For adults only!

Die besten Tips
für den Umgang mit Kindern

Tips für Neugeborene

- Die Mutter kann sich ein paar Extra-Stunden Schlaf gönnen, wenn sie in der Klinik und danach zu Hause reichlich vom selben Parfüm benutzt. Später Leintücher oder Kissen im Babybett parfümieren. Das Baby wird den „Muttergeruch" wahrnehmen und sich sicher und zufrieden fühlen.
- Wenn der Säugling nach dem Füttern etwas spuckt und deshalb häufig das Hemdchen gewechselt werden muß, befeuchten Sie ein Tuch mit etwas Wasser, tauchen es in Natron und tupfen damit über das bespuckte Hemd. Der Geruch verschwindet.
- Ein Heizkissen oder eine Wärmflache neben dem Baby-Bett bereithalten und damit das Bettchen warm halten, wenn das Kind nachts zum Füttern herausgenommen wird. Das Baby wird danach schneller wieder einschlafen. Heizkissen oder Wärmflasche nicht im Bettchen lassen.

Ein Reisebett für's Baby

- Wenn Sie mit einem Kleinkind verreisen und nicht ein ganzes Kinderbett mitnehmen wollen, benützen Sie ein zusammenfaltbares Plastikplantschbecken und blasen es auf. Polstern Sie es mit einigen Wolldecken und bedecken es mit einem Leintuch, dessen Enden unter dem Becken festgebunden werden.

Babynahrung selbstgemacht

- Püree aus frischen Gemüsen herstellen, in Eisbehälter füllen und einfrieren, bis man's braucht.

Baby-Flaschen

- Beim Säubern der Flaschen einige Murmeln in den Sterilisierapparat oder Topf legen. Die Murmeln verhindern Korrosion.
- Heben Sie einige Pappkartons mit Fächereinteilung auf, und stellen Sie die Baby-Fläschchen darin in den Kühlschrank. Die Flaschen können dann leichter umgestellt werden, wenn man an andere Vorräte heran muß.

Wenn das Kind krank oder verletzt ist

- Wenn Ihr Kind Schwierigkeiten mit dem Tablettenschlucken

hat, legen Sie diese auf einen Teelöffel mit Apfelkompott, und Sie werden sehen, wie leicht sie hinunterrutschen.

- Ein Zehn-Pfennig-Lutscher eignet sich vorzüglich dafür, die Zunge herunterzudrücken, um dem Kind in den Hals zu schauen.
- Um einen Spreißel aus einem Kinderfinger zu entfernen, tauchen Sie die verletzte Stelle vorher einige Minuten in Speiseöl. Der Splitter kann dann leicht entfernt werden.
- Ein Eiswürfel einige Minuten auf die „Wunde" gelegt, wird die Stelle etwas betäuben, und der Splitter kann schmerzfrei entfernt werden. Dann sollten Sie die Stelle küssen, und alles wird wieder gut.
- Damit's kein „Aua" gibt, wenn Sie ein Pflaster von der Haut Ihres Kindes abziehen, tränken Sie ein Tuch in Babyöl und reiben damit über das Pflaster. Es wird dann abgehen, ohne daß die Haut schmerzt.

Sicherheits-Tips

- Sogar Erwachsene laufen manchmal in geschlossene Glasschiebetüren. Damit den Kindern das nicht passiert, kleben Sie auf Augenhöhe der Kinder ein Stück Farbband aufs Glas zur Warnung vor der geschlossenen Tür.
- Wenn Ihr Kind in die Krabbelphase kommt, sichern Sie Tischlampen u.ä. dadurch ab, daß Sie das Kabel am Tischfuß festkleben. Wenn Sie ein transparentes Klebeband benutzen, wird es nicht auffallen und stören.
- Damit sich Ihr Kind nicht die Finger am Klavier einklemmt, legen Sie einen Korken an die beiden Enden der Tastatur. Wenn nun der Deckel runterfällt, sind die Finger sicher.
- Verhindern Sie, daß Ihr Jüngstes in unbeobachteten Momenten aus der Wohnung zu schlüpfen versucht, indem Sie eine kleine Klingel an die Türe binden. Sie hören dann immer, wenn die Türe geöffnet wird.

Kapuzenbänder

- Damit die Bänder der Kapuze nicht immer herausgezogen werden, befestigen Sie sie mit einigen Stichen in der Mitte.

Babys erste Schuhe

- Trägt ein Kleinkind seine ersten Schuhe mit harten Sohlen und soll damit auf hartem Boden laufen, so ist das, wie wenn ein Erwachsener über Eis geht. Wenn Sie einen dünnen Streifen Schaumstoff auf die Sohlen kleben, wird Ihr Kleines schneller Vertrauen zum Laufen bekommen. Wenn der Schaumstoff abgelaufen ist, kratzen Sie die Reste mit einer Rasierklinge ab und kleben gegebenenfalls ein neues Stück darauf.

Schuhanziehen beibringen

- Um einem Kind beizubringen, den rechten Schuh am rechten Fuß anzuziehen, markieren Sie lediglich das Innere des rechten Schuhs (z.B. mit Klebeband).

Baby-Schuhe putzen

- Wenn die Schuhe an den Kappen stark abgenutzt sind und keine Schuhcreme annehmen wollen, reiben Sie sie vor dem üblichen Putzen mit einem Stück roher Kartoffel oder mit Alkohol ein.
- Nach dem Polieren mit Haarspray einsprühen, damit die Politur länger hält.
- Oder: Tragen Sie klaren Fingernagellack auf die Stellen auf, die am meisten abgenutzt werden.

Schuhzunge festbinden

- Damit die Zunge (oder Lasche) an den Kinderschuhen nicht verrutscht, schneiden Sie etwa einen Zentimeter unterhalb des äußeren Endes zwei kleine parallele Schlitze ein. Beim Schnürsenkel einziehen, ziehen Sie diese auch durch die neuen Schlitze und verschnüren die Schuhe wie üblich.

Bett-Wechsel

- Sie ersparen sich Angst und Sorge, wenn Sie beim Übergang vom Gitterbett zu einem großen Bett, vorübergehend die Kinderbettmatratze vor das große Bett legen. Wenn das Kind rausfallen sollte, erschrickt es zwar, wird sich aber nicht verletzen.

Baden

- Zum Baden in der großen Badewanne kann man den Kindersitz vom Auto benutzen. Entfernen Sie Polster und Gurte, und legen Sie ein großes zusammengefaltetes Badetuch auf den Sitz und eines auf den Wannenboden (um Ausrutschen zu vermeiden). Das Baby setzen Sie in den Sitz und lassen Wasser einlaufen. Sie haben dann beide Hände frei.
- Wenn ein Kind aus der Babyphase heraus ist, aber noch zu klein ist für die Wanne, tut ein durchlöcherter Plastikwäschekorb gute Dienste. Wasser einlaufen lassen, den Korb hineinstellen und das Kind in den Korb setzen.
- Tun Sie kleine Seifenstückchen (Reste) in einen weißen Socken und binden Sie das offene Ende zu. Kinder mögen das lieber als einen Seifenriegel, und er wird ihnen nicht aus den Händen rutschen.

Wenn das Baby-Shampoo ausgegangen ist

- Nehmen Sie normales Haarwaschmittel. Es wird nicht in die Augen laufen, wenn man Vaseline auf Augenbrauen und -lider gegeben hat. Die Seife wird seitlich statt nach unten ablaufen.
- Oder setzen Sie dem Kind eine Taucherbrille auf. Das macht ihm Spaß, und es kann beobachten, wie die Seifenblasen herunterlaufen, ohne Seife in die Augen zu bekommen.

Ein zorniges Kind beruhigen

- Flüstern wirkt Wunder, wenn ein Kind zornig ist. Flüstern Sie einfach freundliche Worte in sein Ohr. Es wird aufhören zu schreien, damit es Sie verstehen kann. Funktioniert auch unter Ehegatten.

Kindliche Kunstwerke und die Wände retten

- Jede Zeichnung oder Malerei reichlich mit Haarspray überziehen, damit die Farben nicht verblassen oder abgehen.
- Um die Kunstwerke richtig zur Geltung zu bringen, spannen Sie ein Fischernetz oder einen grobmaschigen Store über eine Wand. Anstatt die Wand mit Klebestreifen oder Nägeln zu ruinieren, befestigen Sie nun die Kunstwerke einfach mit Wäscheklammern am Netz.

Unansehliche Stofftiere reinigen

- Mit trockenem Stärkemehl säubern. Einreiben, kurz einwirken lassen und abbürsten.

Mit Kindern basteln

- Es gibt kein Verschütten von Mal-Wasser oder Leim, wenn Sie in ein Schaumstoffstück ein Loch schneiden und den Behälter dort hineinstellen. Ein größerer Schwamm tut es auch. Alles Übergelaufene wird aufgesaugt und der Behälter fällt nicht um.

Becher und Gläser griffig machen

- Glatte Becher oder Gläser wird Ihr Kind besser halten können, wenn Sie zwei Gummibänder in 2cm-Abstand darum spannen.

Verloren und leicht wiedergefunden

- Bevor Sie zu einem Ausflug im Zoo, auf die Kirmes oder in den Zirkus aufbrechen, hängen Sie jedem Kind ein Schildchen um mit Namen, Anschrift und Telefonnummer.

»Kunstwerkzeuge« brauchbar halten

- Neue Wachsmalkreiden mit Klebeband umwickeln, und sie werden nicht leicht brechen.
- Leim hält frisch, wenn man den Deckel vor dem Schließen mit Wasser anfeuchtet.

Stiefel-Ideen

- Stiefel findet Ihr Kind leicht wieder, wenn Sie zwei passende Flecken aus farbigem Klebeband ausschneiden und hinten auf die Stiefel kleben.

Der wachsende Wintermantel

- Das Leben eines Wintermantels kann verlängert werden, wenn man gestrickte Manschetten an die Ärmel näht.

Spieglein, Spieglein an der Wand...

- Damit die Schönheitspflege Ihres Kindes nicht zu kurz kommt – und aus Respekt vor den Kleinen – hängen Sie in Ihr Badezimmer einen zweiten Spiegel auf Kinderaugenhöhe.

Kaugummi aus dem Haar entfernen

- Reiben Sie einfache Hautcreme ins Haar. Mehrmals mit einem trockenen Handtuch durch die Haarsträhnen streichen.
- Oder reiben Sie etwas Erdnußbutter ein. Kaugummi und Erdnußbutter zwischen den Fingern massieren, bis sich der Kaugummi löst. Mit Papiertaschentuch entfernen.
- Die Stelle mit Eiswürfeln kühlen und Kaugummi abziehen.

Schön angezogen und so bleiben

- Wenn Ihre Kinder bei besonderen Gelegenheiten wie aus dem Ei gepellt aussehen sollen, dann besprühen Sie Knie, Manschetten und Kragen der Kleider mit einem Imprägnierungsmittel. Schmutz wird abfallen oder leicht abzuwischen sein, und Mammi kann glücklich sein.

Flecken verschönern

- Wenn sich Flecken aus Kinderkleidung partout nicht beseitigen lassen, machen Sie aus der Not eine Tugend und gestalten den Fleck mit Wäschetinte künstlerisch um in Buchstaben, kleine Tiere etc.

Kinderkleidung imprägnieren

- Stoffe werden wasserdicht und schmutzabweisend, wenn man sie in eine Alaunlösung legt und dann trocknen läßt. Für Anoraks und Kinderhosen besonders zu empfehlen.

Rosen, Tulpen, Nelken...

Die besten Tips für Zimmerpflanzen und Garten

Zimmerpflanzen gießen

- Das Wasser muß Zimmertemperatur haben. Zu kaltes Wasser kann einer Pflanze schaden.
- Lassen Sie Gießwasser einen Tag stehen, damit es Chlorzusätze verliert, und die Pflanzen keine braunen Flecken bekommen.
- Stecken Sie Ihren Finger 2 cm in die Erde; wenn sie sich feucht anfühlt, brauchen Sie noch nicht zu gießen.
- Wasser, in dem Eier gekocht wurden, enthält viele Mineralien und gibt einen guten »Drink« für Ihre Pflanzen.
- Tun Sie Eierschalen in ein Gefäß mit Wasser und decken es zu. Vor dem Gießen einen Tag ziehen lassen, aber nicht länger, weil die Eierschalen sonst faulen und stinken.
- Zum Entkalken des Gießwassers füllen Sie einen Eimer zu einem Drittel mit Torfmull und füllen mit Wasser auf. Einen Tag stehen lassen, dann in die Gießkanne abgießen.
- Altes Aquariumwasser und Wasser, in dem Fisch eingefroren war, sind beste Pflanzendünger.
- Schütten Sie abgestandenes Mineralwasser nicht weg. Es enthält die richtigen Stoffe, um ihren Pflanzen Farbe und Lebenskraft zu geben.
- Knollen- und Zwiebelgewächse sollten immer von unten her gegossen werden. Füllen Sie eine Untertasse oder das Spülbecken mit Wasser, und stellen Sie die Pflanzentöpfe hinein.
- Wenn Sie im Zimmer viele Pflanzen halten, sollten Sie einen kleinen tragbaren Luftbefeuchter während der Heizperiode aufstellen.
- Vor allem während der Herzperiode sollten Sie Ihre Zimmerpflanzen häufiger mit einem Wasserzerstäuber besprühen.
- Ist es Ihnen während einiger Tage nicht möglich, die Zimmerpflanzen zu gießen, so bedecken Sie die Topferde nach dem letzten Gießen mit Moos oder Steinchen.

Schnee oder Regen für Ihre Pflanzen

- Schmelzen Sie sauberen Schnee und gießen Sie damit, denn der Schnee enthält wichtige Mineralien.
- In der übrigen Jahreszeit – oder in wärmeren Gegenden – ist aufgefangenes Regenwasser zum Gießen das Beste.

Auch nach den Ferien frische Pflanzen

- Damit die Pflanzen während Ihres Urlaubs nicht verdursten, stellen Sie sie auf Ziegelsteine in die Badewanne oder das Spülbecken. Etwas Wasser einlaufen lassen und den Hahn leicht tropfen lassen. Die Pflanzen holen sich über die vollgesogenen Ziegel das Wasser, das sie brauchen.
- Oder nehmen Sie statt der Ziegelsteine alte, mehrfach gefaltete Badetücher.
- Sie können auch diesen Tip ausprobieren: Hängen Sie das eine Ende eines Strickes in einen Wasserkübel und stecken Sie das andere in die Blumenerde. Der Wasserbehälter muß höher stehen als die Pflanzen.

Gerades Wachstum für die Pflanzen

- Drehen Sie die Töpfe öfter um eine Vierteldrehung, damit sie gleichmäßig von allen Seiten Licht bekommen. Pflanzen richten sich immer nach dem stärksten Licht aus. Aber nicht jeder Pflanze bekommt diese Methode.

Schädlingsbekämpfung

- *Blattläuse und Spinnen*: Die ganze Pflanze in der Badewanne mit einer milden Seifenlauge abwaschen.
- *Schwarze Blattlaus:* Zwei Eßlöffel reinen Salmiakgeist auf einen Liter Wasser geben. Damit die Erde gießen.
- *Grüne Blattlaus:* Mischen Sie zwei Eßlöffel Geschirrspülmittel unter etwa vier Liter Wasser und sprühen damit die Blätter ab.
- *Schnecken oder Larven:* Sie verschwinden sofort, wenn man die Pflanze in einen Kübel Wasser stellt.
- *Verschiedene Ungeziefer:* Pflanzen Sie zu Ihren Zierpflanzen eine Knoblauchzehe ein. Wenn der Knoblauch wächst, muß er immer so zurechtgestutzt werden, daß er die Zierpflanze nicht stört. Der Knoblauch wird der Pflanze nichts ausmachen, aber das Ungeziefer vertreiben.

Zimmerpflanzen beim Onkel Doktor

- Ein kleiner Verband aus Zahnstochern und Pflaster kann oft den geknickten Stiel einer Pflanze heilen.

Pflanzenblätter säubern

- Mit einem Federstaubwedel entstauben.
- Glyzerin ist eine der besten Substanzen, wenn Sie Glanz auf die Blätter Ihrer Pflanzen bringen wollen. Einige Tropfen auf ein Tuch geben und die Blätter damit abwischen. Es eignet sich viel besser als Olivenöl oder Mayonnaise, da es kein Staubfänger ist.
- Eine Mischung aus gleichen Teilen Milch und Wasser eignet sich ebenfalls gut, um glänzende Blätter zu bekommen.

Selbstgemachtes Spalier

- Zwicken Sie den Haken eines Drahtkleiderbügels ab, und biegen Sie den verbleibenden Draht in eine lustige, originelle Form, etwa wie ein Herz oder einen Stern. Dann stecken Sie die Enden in den Blumentopf, und Sie haben ein Miniaturspalier für Ihren Efeu.

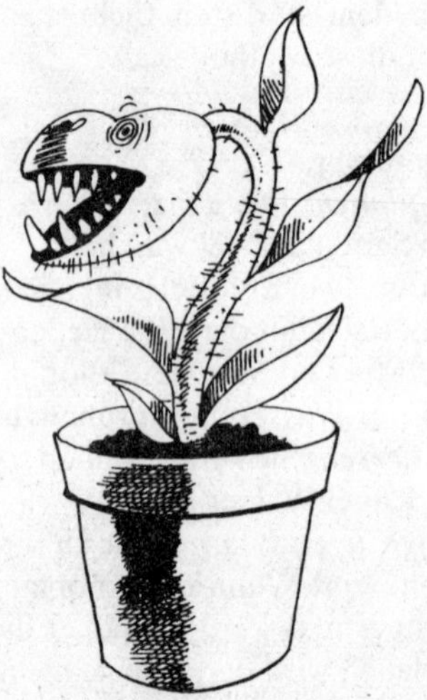

- Unterstützen Sie große Pflanzen mit alten ausziehbaren Vorhangstangen aus Messing, Kupfer o.ä..

Blumentöpfe richtig füllen

- Um eine gute Drainage zu erhalten, legt man Scherben von Tontöpfen, Walnußschalen, Obstkerne, Murmeln, Holzkohle oder Kieselsteine auf den Boden des Blumentopfes, bevor man ihn mit Erde füllt.

Farne mögen Tee

- Schwacher Tee ist für Farne ein belebendes »Getränk«. Zusätzlich zu einem Tee-Guß sollten Sie einen feuchten, benutzten Teebeutel mit dem Farn einpflanzen.
- Wenn Farne von Würmern befallen sind, bekämpfen Sie diese mit Streichhölzern. Stecken Sie die Streichhölzer mit dem Kopf nach unten in den Boden und zwar 4 bei einer normal großen Pflanze, bis zu 6 bei einer sehr großen.
- Farne mögen den Stickstoff, der in einer sehr schwachen Lösung von Salmiakgeist in Wasser enthalten ist.

Wie Schnittblumen länger halten

- Schneiden Sie die Stiele immer in einem schrägen Winkel mit einem scharfen Messer ab.
- Spalten Sie dickere Stengel immer auf, bevor sie in die Vase kommen. Dadurch wird die Feuchtigkeit leichter aufgenommen.
- Stiele immer unter Wasser schneiden. Auf diese Weise können sich keine Luftbläschen bilden, die das Aufnehmen von Wasser durch den Stiel behindern.
- Entfernen Sie die Blätter, die sonst im Wasser stehen würden, da vermodernde Blätter das Wasser vergiften.
- Von Aspirintabletten, Kupferpfennigen und Eiswürfeln wird behauptet, daß sie das Leben von Schnittblumen verlängern. Jedoch besteht das beste Mittel aus 2 Eßlöffeln hellem Essig und 2 Eßlöffeln Rohrzucker auf einen Liter Wasser. Der Essig verhindert das Wachstum von Mikro-Organismen und der Zucker dient als Nahrung.
- Jede Nacht kühlen. Das allein kann die Lebenszeit verdoppeln.
- Blumen halten länger, wenn sie genügend Platz in der Vase haben.

- Blaue Hortensien werden blauer durch Zusatz von Alaunpulver.

Welke Blumen wiederbeleben

- Beliebige Schnittblumen können Sie mit Haarspray einsprühen, damit sie länger halten und nicht abfallen. Halten Sie die Spraydose etwa 30 cm vom Strauß entfernt und sprühen Sie nach oben, damit die Blumen nicht den Kopf hängen lassen.

Weitere Blumentips

- Das Wasser, in das Sie Blumen eingestellt haben, wird nicht faul, wenn Sie unten in die Vase eine Kupfermünze legen. Rosen halten länger, wenn Sie dem Wasser einige Tropfen Kampferspiritus beifügen.
- Wenn Sie jemals unter dem Geruch einer Ringelblume gelitten haben, die einige Tage im Wasser stand, dann werden Sie über folgenden kleinen Hinweis froh sein: Ein Teelöffel Zucker im Wasser nimmt den Geruch.
- Nelken halten länger, wenn das Blumenwasser etwas Borsäure enthält.
- »Füttern« Sie Geranien (Pelargonien) mit abgebrühtem Kaffeesatz aus Ihrem Filter.
- Wenn eine Vase zu hoch ist, und Sie haben keine kürzere, um die Blumen hübsch zu arrangieren, legen Sie eine zerknüllte Zeitung oder ein Papierküchentuch in die Vase.
- Falls Sie irgendwelche Antibabypillen übrig haben, lösen Sie sie in Wasser auf und gießen damit Ihre Veilchen.
- Um zu kurz abgeschnittene Blumen zu verlängern, steckt man sie in Trinkstrohhalme, bevor sie in die Vase kommen.
- Geben Sie eine Lage Kies auf Blumenkästen, damit durch den Regen nicht Erde gegen Ihre Fensterscheiben gespritzt wird.
- Narzissen sollten möglichst allein in einer Vase stehen, denn ihre Absonderungen vertragen andere Blumen nicht gut und welken schnell.
- Damit Wasser in einer Glasvase nicht trüb wird, geben Sie einen Teelöffel flüssigen Bleichmittels auf einen Liter Wasser.

- Halten Sie langstielige Blumen aufrecht in einer Vase mit großer Öffnung, indem Sie durchsichtigen Klebstreifen kreuz und quer darüber kleben.
- Zusammengebundene Lockenwickler auf den Boden einer Keramik- oder Porzellanvase gelegt, geben Ihrem Blumenarrangement einen guten Halt.

Wie man Strohblumen macht

- Mischen Sie 10 Teile weißes Mehl mit 3 Teilen Borax. Blumen in die Mischung einbetten. Zwei Wochen einwirken lassen und Ihre Blumen werden jahrelang halten.
- Eine andere gute Konservierungsmethode für getrocknete Arrangements: Klopfen Sie zuerst etwas auf die Enden der Zweige oder der Blattstengel. Dann stellen Sie die Zweig- oder Stengelenden in ein Gefäß, das 1 Teil Glyzerin auf 2 Teile Wasser enthält. Es muß so hoch gefüllt sein, daß die Stiele darin 7 bis 10 cm stehen können. (Sie können auch die Blätter in die Lösung legen). Die Flüssigkeit wird in etwa einer Woche absorbiert. Einige Blüten werden die Farbe vielleicht wechseln, aber die Blätter halten jahrelang.
- Rosen, die nicht mehr sehr schön sind, aus der Vase nehmen und kopfunter an trockenem Ort aufhängen. Getrocknet bleiben sie noch lange ansehnlich.

Der Frühling bricht überall hervor

- Wenn während des Winters Blumen knapp sind, gehen Sie hinaus und schneiden einige Zweige oder Äste von Forsythien, Holzapfel, Weißdorn, Flieder und anderen Obstbäumen oder Büschen ab. Stellen Sie die Stengel in einen Eimer mit warmem Wasser, dann geben Sie einen in Salmiakgeist getränkten Wattebausch dazu. Stellen Sie Eimer und Zweige in eine Plastiktüte, die gut zugebunden wird. Bald werden die Ammoniakdämpfe Blüten auf den Zweigen hervorzaubern.
- Zweige blühen leichter auf, wenn sie schon einmal Frost bekommen hatten.

Gras- und Unkrautvernichter

- Auf gepflasterte Wege kochendes Salzwasser gießen und das Unkraut verschwindet.

- Oder: Sie streuen etwas Salz zwischen die Platten eines Weges oder Ihrer Veranda.

Eine perfekte Markierung von Saatreihen

- Schreiben Sie das Datum der Einsaat auf jedes Samentütchen. Dann stülpen Sie eine kleine durchsichtige Plastiktüte über jedes Tütchen und binden es fest (z.B. mit einem Gummiband). Stecken Sie dies als Fähnchen in die Saatreihe. Sie werden dann immer wissen, wo welche Pflanzen wachsen.

Für saubere Füße

- Gartenerde läßt sich leicht abkratzen, wenn Sie sich eine Fußmatte aus Kronenkorken herstellen. Nageln Sie diese Flaschenverschlüße mit den Zähnchen nach oben auf ein Brett, und fertig ist diese wirkungsvolle Gartenhilfe.

Bäume pflanzen

- Die Obstbäume bedanken sich mit reichem Ertrag, wenn Sie den Wurzelhals nicht mit eingraben. Er möchte frische Luft haben, und die Wurzeln mögen ein reichlich bemessenes Pflanzenloch.

Blumenkästen

- Hölzerne Blumenkästen halten länger, wenn sie rundherum mit Leinöl gestrichen werden.
- »Maulwurfserde« von der Wiese eignet sich hervorragend zum Füllen von Blumentöpfen und -kästen.

Mini-Treibhaus für Stecklinge

- Füllen Sie einen Blumentopf mit guter Pflanzenerde, stecken ein bestieltes Blatt einer Topfpflanze hinein, gießen es gut und bedecken alles mit einer dichten Plastiktüte. Nach 3-4 Wochen, wenn sich an der Plastikhaube Tropfen bilden, können Sie die Jungpflanzen umtopfen. Auch als individuelles Geschenk gut geeignet.

Blumenzwiebeln

- Tulpen-, Hyazinthen- oder Narzissenzwiebeln sollen doppelt so tief, wie sie dick sind, eingepflanzt werden.

Ein guter Start für Tomatenkeimlinge

- Mischen Sie Holzasche unter die Erde. Entfernen Sie Deckel und Boden von Kaffeebüchsen, und setzen Sie eine Büchse über jede Jungpflanze. (Auf die Büchse treten, damit sie fest in den Boden kommt.) Büchsen entfernen, wenn die Pflanzen einige Wochen alt sind.

Wissenswertes über biologisches Garteln (Gartenpflege)

- Küchenkräuter sind natürliche Insektizide. Pflanzen Sie verschiedene Sorten in Ihren Garten.
- Basilikum in der Nähe von Tomaten hält Würmer und Ungeziefer fern.
- Minze, Salbei, Dill und Thymian schützen Kohl, Blumenkohl, Broccoli und Rosenkohl vor Kohlmotten.
- Zwiebel und Knoblauch schützen Salat, Petersilie, Bohnen u.a. vor gefräßigen Schädlingen, vor allem vor Schnecken. Zwiebel sollten auch in die Nähe von Karotten und roten Rüben gepflanzt werden.
- Pflanzen Sie Meerrettich in die Nähe von Kartoffeln. Er vertreibt den Kartoffelkäfer.
- Anis und Koriander schrecken Blattläuse ab.
- Rettich nahe an Kohl gepflanzt, verscheucht Larven und Maden.
- Pflanzen Sie keinen Knoblauch in die Nähe von Erbsen und Kohl, nicht zu dicht an Erdbeeren. Diese Pflanzen vertragen sich nicht.
- Kaninchen lassen sich von Talkumpuder abschrecken. Lediglich etwas auf oder um die Pflanzen stäuben. Er hält auch Flöhe und Käfer fern. Wenn er durch den Regen weggewaschen wird, nachstreuen.
- Getrockneter Kaffeesatz säuert den Boden.
- Seifenlaugen sind ausgezeichnete Insektizide. Reichlich übersprühen.
- Für den biologischen Garten ist ein Komposthaufen unbedingt erforderlich.
- Pflanzen Sie einen zusätzlichen »Zaun« aus einer Reihe von Gemüsen um Ihren Garten. Die Wurzeln scheiden Sekrete aus,

durch die viele Schädlinge am Eindringen in den Garten gehindert werden.

- Eierschalen nicht in die Mülltonne, sondern zerkleinert auf den Kompost werfen.
- Überbrühte Teeblätter sind guter Dünger für Rosen.
- Wenn Ameisen zur Plage werden, gießen Sie kochendes Wasser auf jeden Ameisenhügel bzw. auf die Nester unter den Gartenplatten.
- Streuen Sie Mottenkugeln in Ihrem Garten aus, um Kaninchen und andere Schädlinge davon abzuhalten, dort ihren Festschmaus zu halten.
- Brennesselsud aus frischem Kraut in geschlossenem Behälter (!) angesetzt, ist ein sehr wirkungsvoller – wenn auch vorübergehend stark riechender – Läusevertreiber.

Wenn Sie Ihre Früchte selber ernten wollen

- Wenn Sie Erdbeeren und Kirschen lieber selber essen wollen, hängen Sie Salzheringe als Vogelscheuchen auf.

Jedem Tierchen sein Pläsierchen

Die besten Tips für Haustiere und Schädlingsbekämpfung

Was tun gegen unangenehme Hunde-Hinterlassenschaften?

- So viel wie möglich Feuchtigkeit aufsaugen. Mit einer Lösung aus Essig oder Zitrone und warmer Seifenlauge die Stelle bearbeiten. Mehrmals aufwischen. Dann Mineralwasser auf den Flecken gießen. Wieder aufwischen. Trockenes Handtuch über den Flecken legen und mit schweren Büchern (in Plastiktüten legen) beschweren. Wenn das Tuch feucht ist, sofort durch ein frisches austauschen.

Was, wenn der Katze ein Malheur passiert?

- Wenden Sie die gleiche Prozedur wie oben an, aber, wenn der Flecken trocken ist, reiben Sie mit einem mit Salmiakgeist befeuchteten Tuch darüber. Das nimmt nicht nur den unangenehmen Geruch, sondern hindert auch die Katze daran, es an der gleichen Stelle wieder zu tun.

Ihren Hund chemisch reinigen

- Sie brauchen Ihren Hund nicht immer richtig zu baden, reiben Sie sorgfältig Natron in sein Fell und bürsten es dann aus. Es reinigt und desodoriert zugleich.

Andere Pflege-Tips

- Eine Creme-Spülung nach dem Bad hilft bei Hunden mit langhaarigem Fell.
- Um Seifenfilm und starken Seifengeruch zu entfernen, geben Sie Essig oder Zitrone ins Spülwasser.
- Wenn Ihr Tier beim Waschen sehr haart, geben Sie ein altes Teesieb auf den Abfluß, damit die Rohre nicht verstopfen.

Ihrem Hund eine Tablette geben

- Die meisten Hunde mögen Schokolade. Deshalb stecken Sie die Hundetablette in einen Riegel Schokolade. Sie können die Medizin auch in einem Bissen Hundefutter verstecken.

Junger Knabber-Hund

- Wenn Ihr neuer junger Hund Tisch- und Stuhlbeine anknabbert, lösen Sie das Problem durch Auftragen von etwas Handschuhöl (in Drogerien erhältlich) mit einem Baumwolltuch auf das Holz. Wenn ihn der Geruch nicht abhält, tut es bestimmt der bittere Geschmack.

- Vermeiden Sie Schaden an Teppichen und Schuhen, indem Sie ihm eine gut ausgewaschene Plastikflasche oder einen anderen geeigneten Gegenstand zum Herumnagen geben.

Ein Freßnapf, der nicht mehr rutscht

- Der Hundefreßnapf steht fest, wenn Sie unter den Napf den Gummiring eines Einmachglases oder ein dünnes Stück Schaumgummi kleben.

Zecken entfernen

- Entfernen Sie Zecken durch Einmassieren von Öl in den Fellknäuel oder durch Knacken der Zecken mit einer Zange. Abgetötete Zecken verlieren ihre Haftfähigkeit und können ausgekämmt werden.

Heulender junger Hund

- Ihr junger Hund vermißt möglicherweise seine Mutter. Trösten Sie ihn, indem Sie ihm eine in ein Tuch gewickelte Wärmflasche und eine tickende Uhr in sein Körbchen legen. Manchmal hilft auch sanfte Radiomusik.

Die Katze von Ihrem Lieblingsstuhl fernhalten

- Einige Mottenkugeln in das Kissen des Stuhls oder Sofas stopfen, und Ihre Katze wird sich nicht mehr darauf legen.
- Katzen mögen keine Plastikdecken. Bedecken Sie Ihren Stuhl damit, bis die Katze merkt, daß da kein Platz für sie ist.

Keine Fliegen in der Hundehütte

- Wenn Sie einige frische Kiefernnadeln in die Hundehütte oder unter seine Matte legen, verscheuchen Sie die lästigen Fliegen.
- Oder salzen Sie die Ritzen der Hundehütte und waschen das Tier mehrmals mit Salzwasser.

Ein Sicherheitstip für »Waldi«

- Kleben Sie Leuchtpunkte auf das Halsband Ihres Hundes, damit er in der Nacht besser gesehen und nicht überfahren wird.

Gegen eine Ameisen-Invasion

- Legen Sie kleine, in Zuckerwasser getränkte Schwämme da aus, wo Sie Ameisen entdecken. Die Schwämme regelmäßig aufsammeln und in heißes Wasser tauchen.
- Rote Ameisen vertreiben Sie aus der Speisekammer, wenn Sie einige Stiele frischen Salbeis auf die Regale legen.
- Unerwünschte Ameisenhügel im Garten kann man zerstören, wenn man kochendes Wasser in jede Öffnung schüttet.
- Auch angeschimmelte Zitronenschalen vertreiben Ameisen aus Küche und Speisekammer.
- Der Geruch von Tomatenblättern oder -stielen vertreibt auch die Ameisen. Möglichst an den Anfang der »Straße« legen und hin und wieder die Blätter/Stiele erneuern.

Fliegen und streunende Hunde vom Mülleimer fernhalten

- Damit Fliegen nicht um den Mülleimer schwärmen, spritzen Sie diesen mit dem Gartenschlauch aus, lassen ihn in der Sonne trocknen, und streuen Sie dann etwas trockenes Seifenpulver darüber.
- Streunende Hunde halten Sie von Ihrem Mülleimer fern, wenn Sie Salmiakgeist über die Mülltüten sprengen, bevor sie in den Eimer kommen.

Silberfische

- Auf die entsprechenden Stellen eine Mischung aus Borsäure und Zucker streuen.

Wespen beseitigen

- Wenn eine Wespe (oder Hummel) ins Haus gerät, greifen Sie nach dem Haarspray. Die meisten Insektensprays erbosen die Tiere nur, während Haarspray die Flügel versteift und sie sofort bewegungsunfähig macht. Das geht allen Insekten so, wobei man daran denken sollte, daß Bienen nützliche Tiere sind, und man diese lieber hinausfliegen lassen sollte.
- Eine »Wespenfalle« stellen Sie leicht her, indem Sie eine Limonadenflasche mit einem verbliebenen Rest offen stehen lassen. Sie gehen zu Dutzenden hinein, können aber nicht wieder hinaus.

Wie man Insektenstiche behandelt

- Behandeln Sie Insektenstiche mit einem Umschlag aus Stärkemehl oder Natron, jeweils gemischt mit Essig, frischem Zitronensaft oder Hamamelis.
- Reiben Sie die Stiche mit nasser Kernseife ein, um das Jucken zu mildern.
- Eiswürfel darauf halten.

Bienen- oder Wespenstiche

- Einen Umschlag aus Natron und Wasser auflegen.
- Oder legen Sie eine frisch geschnittene Zwiebel- oder Zitronenscheibe auf den Stich. Das hilft, das Gift herauszuziehen. Mit einem Pflaster befestigen, eventuell erneuern.

Fliegen vertreiben

- Besonders während der heißen Tage sind Fliegen in den Zimmern sehr lästig. Wenn Durchzug nicht hilft, so stelle man einige flache Teller mit Lorbeeröl auf.

Gute Taten gegenüber Ihren gefiederten Freunden ...

Das werden sie besonders schätzen:

- Helfen Sie den Vögeln beim Nestbau, indem Sie sie mit Baumaterial versorgen. Sammeln Sie Stoffussel, Fadenstückchen, Garn aus Ihrem Nähkorb und Haare aus Ihrer Bürste. Alles ganz leicht zusammenfusseln und an einem Baumast befestigen.

Ein Leckerbissen für die Vögel im Winter

- Überziehen Sie Tannen-, Fichten- o.ä. Zapfen mit gehärtetem Fett aus Speck oder anderem, aber ungesalzenem (!) Fett. Spikken Sie diese mit Vogelfuttersamen oder Brotkrümeln. An einem Ast aufhängen oder in einen Busch binden.

Weitere Vogel-Tips

- Um Vögel an ein draußen aufgestelltes Vogelbecken zu locken, legen Sie einige farbige Murmeln hinein.
- Wenn Sie keinen Trichter zum Einfüllen von Vogelfutter finden, verwenden Sie eine alte abgeschnittene Milchtüte.

[illegible]

[illegible]

[illegible]

[illegible]

[illegible]

[illegible]

[illegible]

[illegible]

Rollentausch

Die besten Tips zum Tapezieren

Tapeten entfernen

- Nehmen Sie gleiche Teile Essig und warmes Wasser. Einen Farbroller oder Schwamm in die Lösung tauchen und die Tapeten gut nässen. Nach zweimaligem Auftragen löst sich die Tapete in großen Stücken ab. Merke: Ein Farbroller ist viel wirksamer als ein großer Malerpinsel.

Vor dem Neutapezieren einer alten Wand

- Probieren Sie's mit folgender Formel, um die nötige Zahl von Tapetenrollen für ein Zimmer zu bestimmen: Multiplizieren Sie den Raumumfang (in Meter) mit der Höhe, dann durch 5 teilen. Größere Öffnungen (wie Türen, große Fenster) abziehen. Das Ergebnis ist die Zahl der nötigen Rollen bei Tapeten ohne Verschnitt aufgrund des Musters. So stimmt die Rechnung nur bei »Normaltapeten« (50 cm breit, 10 m pro Rolle).

Tapezieren in Bad oder Küche

- In Feuchträumen nach dem Tapezieren alle Stöße der Tapete mit Klarlack überstreichen, damit sie sich nicht ablöst.

Zeitsparen beim Auswechseln von beschichteten Tapeten

- Beim Abnehmen der Tapeten numerieren Sie jede Bahn von links nach rechts oder umgekehrt. Die numerierten Bahnen benutzen Sie als Schnittmuster für die neue Tapete, wenn Sie sie in Bahnen abgelöst haben. Jedoch aufpassen, daß neue und alte Bahnen die gleiche Breite haben. Diese Methode wird Ihnen eine Menge Zeit beim Ausmessen sparen und eignet sich speziell bei Kunststoff- und anderen gut ablösbaren Tapeten.

Tapeten flicken

- Wenn Sie einen Flicken zum Ausbessern abreißen (niemals schneiden), dann reißen Sie in Richtung der Rückseite der Tapete. Man wird dann die ausgebesserte Stelle kaum sehen.

Blasen unsichtbar entfernen

- Die Blase mit einem Rasiermesser einritzen. Mit einem Messer etwas Tapetenkleister unter die Tapete einführen. Mit einem nassen Schwamm glätten.

Schmierflecken auf Tapeten

- Rühren Sie eine Paste aus Stärkemehl und kaltem Wasser an, auf den Flecken auftragen, völlig trocknen lassen und dann abbürsten. Wenn's beim ersten Mal nicht klappt, noch mehrmals versuchen.
- Oder halten Sie ein sauberes Löschpapier auf den Fleck, und bügeln Sie mit einem warmen Eisen darüber. Mehrmals mit je einem frischen Löschpapier wiederholen. Verbleibende Spuren beseitigen Sie durch Reiben mit einem Tuch, das in Borax getaucht wurde.

Farbstiftspuren beseitigen

- Genauso wie Schmierflecken behandeln.
- Leicht mit einer trockenen, mit Seife gefüllten Stahlwolle reiben. Nicht naß machen.
- Oder reiben Sie sehr sanft mit Natron auf einem feuchten Tuch.
- Von Kunststoff können Farbstiftflecken mit Silberpolitur beseitigt werden.

Alltägliche Schmutzflecken beseitigen

- Leichte Flecken (Bleistift, Fingerabdrücke, Schmutz) mit Kunststoffradiergummis wegradieren.
- In Fachgeschäften gibt es Knetgummis, die Schmutz von Tapeten beseitigen.
- Bilden sich auf neuen Tapeten einzelne Schimmelstellen, dann reiben Sie die Flecken mit Spiritus ab.

Klebstreifen beseitigen

- Ein Löschblatt gegen den Klebstreifen drücken und drüberbügeln.

Kleine Putzrisse ausbessern

- Wenn der Putz Risse hat, probieren Sie folgendes: Etwas Natron mit weißem Holzleim zu einer Paste verrühren. Mit dem Finger in die Risse streichen.
- Oder mit Papiermascheé füllen, das man aus Zeitungspapier, Tapetenkleister und warmem Wasser anrührt.

Gips anrühren ohne Klumpen

- Wenn Sie Gips in Wasser rühren, statt Wasser in Gips, wird's keine Klumpen geben.

Ein weiterer Gips-Trick

- Den Aushärtungsprozeß bei Gips kann man durch die Zugabe von etwas Essig in die Mischung verlängern.

Nagellöcher vor dem Vermieter verstecken

- Zahnpasta hineinfüllen und mit einem feuchten Schwamm glätten.

Rauhputzwände reinigen

- Nehmen Sie den Staubsauger zu Hilfe.
- Oder: Statt eines Tuches oder eines Schwammes nehmen Sie Nylon- oder andere Kunststoffsocken. Es wird dann keine Fusselspuren hinterlassen.

Füllmaterial für Risse und Löcher

- Vor dem Zustreichen mit Gips Zeitungspapier hineinstopfen.

Der beste Wandreiniger

- Eine halbe Tasse Salmiakgeist, eine viertel Tasse Essig und ebensoviel Waschnatron in vier Liter warmes Wasser gemischt, gibt eine vorzügliche Reinigungsslösung für abwaschbare Wandfarbe.
- Testen Sie die Abwaschbarkeit an einer unauffälligen Stelle.

Spinnweben entfernen

- Socken über einen Besenstiel ziehen, mit einem Gummiband befestigen. Damit kann man auch unter Kühlschränken und Heizkörpern putzen.

Tapetenscheren schärfen

- Stumpfe Tapetenscheren werden wieder scharf, wenn man damit ganz feines Schleifpapier zerschneidet.

Tapezieren von Brettertüren

- Beim Tapezieren von aus Brettern oder einzelnen Holzfaserplatten bestehenden Trennwänden und verschalten Türöffnungen müssen die Bretter- oder Plattenfugen mit Gazestreifen überklebt und die Streifen mit Feinmakulatur überstrichen werden. Sonst würde die Tapete später an den Fugen reißen.

Tapetenrisse vermeiden

- Tapetenrisse durch Nägel vermeidet man, wenn man vor dem Nageleinschlagen einen kleinen Kreuzschnitt in die Tapete schneidet, die Ecken zurückbiegt und sie nach dem Einschlagen andrückt. Nach Entfernen des Nagels klebt man die Ecken wieder an.

Kinderzimmer tapezieren

- Es gibt sehr originelle Bildtapeten für Kinderzimmer. Dekorieren Sie nur eine Wand und nicht alle vier! So wirkt die Tapete – wie eine riesige Bilderbuchseite. Am praktischsten sind natürlich die abwaschbaren Tapeten.

Maler oder Anstreicher?

Die besten Tips für Malerarbeiten

Fenster streichen

- Tauchen Sie den Pinsel nie ganz in die Farbe! Mindestens das obere Drittel der Borsten muß trocken bleiben. Auf diese Weise bleibt die Pinselbewegung stets elastisch, und die Farbe wird gleichmäßig verteilt.
- Saubere Kanten zwischen Scheibe und zu streichendem Rahmen bekommen Sie, wenn Sie rundherum ein Krepp-Klebeband auf die Scheibe kleben. Erst nach dem Trocknen des Anstrichs die Klebestreifen entfernen.
- Folgendes erspart schmutzige Scheiben: Zeitungen oder anderes Papier mit glatten Rändern mit warmem Wasser befeuchten. Die Fensterscheiben völlig mit dem Papier abdecken und dabei sicherstellen, daß das Papier dicht an den Rändern und in den Ecken anliegt. Das Papier wird haften, bis Sie mit dem Anstreichen fertig sind.
- Mit einem Riegel weicher Seife über die Scheiben reiben. Die Farbe bleibt dann nicht haften.
- Vor dem Anstreichen den schwer zugänglichen Schmutz aus den Ecken und Nuten mit einem alten Pinsel bzw. Spachtel entfernen.

Verspritzte Farbe auf Scheiben und Holz

- Für Öl- bzw. Kunstharz-Farbflecken auf den Scheiben benutzt man Nagellackentferner oder reinen Alkohol (96%). Einige Minuten einweichen lassen, mit einem Tuch abreiben und mit warmer Seifenlauge abwaschen. Normalerweise geht die Farbe damit weg, egal, wie lange sie schon drauf war.
- Alte Flecken mit Terpentin aufweichen und mit einer Rasierklinge abkratzen. Das geht auch bei Spachtelkitt-Flecken.
- Frisch angetrocknete Farbe mit einer heißen Essiglösung vom Glas waschen.
- Vor dem Anstreichen, andere, nicht zu streichende Holzteile mit Zitronenöl einstreichen. Wenn es Farbspritzer gibt, sind sie leichter wegzuwischen.
- Türscharniere, -klinken, Schloßschilder und andere Beschläge mit Vaseline abdecken, bevor man mit dem Malen beginnt. Das spart hinterher eine Menge Putzen.

Tropfenfänger

- Wenn Sie die Decke streichen wollen, fertigen Sie sich einen Tropfenfänger für Ihren Pinsel oder Farbroller aus einem Stück Karton. Schneiden Sie ein Loch in die Pappe, stecken den Stiel da durch und befestigen ihn mit festem Klebeband.
- Vor dem Anstreichen eines Stuhls oder Tisches legen Sie zum Auffangen von Farbtropfen Büchsendeckel unter jeden Fuß.
- Damit keine Farbtropfen auf Ihre Lampenkabel und Fassungen kommen, umwickeln Sie sie mit Plastiktüten.

Deckenwaschen vor dem Weißeln

- Bei stark verschmutzter bzw. durchgeschlagener Decke nehme man 1/4 Pfund Schmierseife und 4 l lauwarmes Wasser, löse die Seife mit dem Wasser zu einer Lauge auf und wasche damit Decke und Wände ab. Resultat: Leichteres Arbeiten, gleichzeitige Isolierung und weniger Schmutz. Decke gut trocknen lassen und dann neu anstreichen.

Weiße Farbe vor dem Vergilben bewahren

- Einen Tropfen schwarzer Farbe in jede gute weiße Farbe rühren.

Farbentferner für Gesicht und Hände

- Speise- oder Babyöl ist ein besserer Farbentferner als alle Lösungsmittel, weil es die Haut nicht angreift.
- Vaseline vorher auf exponierte Hautstellen reiben.

Vor dem Fensterkitten

- Mischen Sie den Kitt zuerst mit der Farbe, die zu der Farbe des Holzrahmens paßt.

Möbel auf antik trimmen

- Zum Lasieren ein altes Stück Teppich verwenden. Das gibt einen schönen Maserungs-Effekt.

Farbgeruch verbannen

- Zwei Teelöffel Vanille-Aroma auf den Liter Farbe geben.

- Einen großen Wassereimer mit einem Teelöffel Salmiakgeist im frisch gestrichenen Zimmer aufstellen. Über Nacht stehen lassen.
- Oder geben Sie eine große geschnittene Zwiebel in einen großen Topf mit kaltem Wasser. In kurzer Zeit wird der Farbgeruch durch die Zwiebel aufgesogen.

Klumpige Farbe

- Das beste Sieb ist ein alter Nylonstrumpf.
- Ein alter Schneebesen eignet sich gut zum Farberühren.
- Schneiden Sie einen Kreis aus Drahtnetz, der etwas kleiner als der Büchsendeckel sein soll. Wenn das Netz absinkt, wird es alle Farbklumpen auf den Boden ziehen.

Farbmuster aufheben

- Nach dem Malern etwas Farbe auf einen Steckerleis-Stiel o.ä. auftragen. Dies ist später ein gutes Muster, um beim Einkaufen passende Farbe auszusuchen.

Farbreste aufheben

- Damit's keine Haut auf den Farbresten gibt, legen Sie Alufolie direkt auf die Oberfläche. Die richtige Größe bekommt man, wenn man die Büchse auf die Folie stellt und rundherum schneidet.
- Ölfarbe erhält man frisch, indem man auf die oberste Schicht 4 Eßlöffel Waschbenzin gibt. Nicht vor der nächsten Benutzung umrühren.
- Hat man kein Benzin zur Hand, genügt auch Wasser zum Bedecken.
- Die Deckel von Farbbüchsen dicht verschließen und die Büchse auf den Kopf gestellt aufheben. Es entsteht keine Haut auf der Farbe.
- Vor dem Aufheben immer Farbton und Menge der Farbe außen auf der Büchse markieren.
- Kleine Reste hebt man in Nagellack- oder ausgedienten Medizin-Fläschchen auf. Das eignet sich gut für kleine Ausbesserungsarbeiten.

- Für ganz kleine Ausbesserungen benutzen Sie Wegwerf-Wattestäbchen (Q-Tips) anstelle eines Pinsels.

Pinsel reinigen

- Ein neuer Pinsel wird viel länger halten und leichter zu reinigen sein, wenn man ihn vor dem ersten Benutzen 12 Stunden in Leinölfirnis einweicht.
- Harte Pinsel in heißem Essig aufweichen. Danach in warmer Waschlauge auswaschen.
- Pinsel und Farbroller in Wasser mit Weichspüler auswaschen. Sie bleiben dann schön weich und geschmeidig.
- Benutzen Sie eine alte Kaffeebüchse, gefüllt mit Farbverdünner, zum Reinigen von Farbpinseln. Wenn die Pinsel gesäubert sind, die Büchse verschließen und einige Tage stehen lassen. Die Farbe wird sich auf dem Boden absetzen und den sauberen Verdünner kann man abgießen und wiederverwenden.
- Harte Borsten von Farbpinseln erweicht man in kochendem Essig, worauf man sie in Seifenlauge auswäscht.

Arbeitsunterbrechung beim Streichen

- Dauert die Lackierarbeit mehrere Tage, sparen Sie Zeit, indem Sie die Pinsel in Folie wickeln und einfrieren (einfach ins Gefrierfach des Kühlschranks legen). Vor dem Weiterarbeiten etwa eine Stunde auftauen lassen.
- Pinsel mit Lackfarbe oder Kunstharzdispersionen lassen sich vorübergehend in einem Konservenglas mit kaltem Wasser aufheben, indem man den Pinselstiel soweit durch ein Loch im Schraubverschluß des Glases steckt, daß die Borsten den Boden nicht berühren. Der Deckel auf dem Stiel kann gleichzeitig als Tropfenfang beim Malen dienen.

Die Axt im Haus…

Die besten Tips für den Heimwerker

Wacklige Stuhlbeine

- Sichern Sie ein lockeres Stuhlbein durch Umwickeln des herausgenommenen Zapfens mit einem dünnen Streifen aus einer Nylonstrumpfhose oder mit Zwirn bevor Sie den Holzleim auftragen und das Stuhlbein wieder einfügen.

Wackliger Tisch

- Wenn Ihr Tisch wegen eines zu kurzen Beines wackelt, geben Sie etwas »Flüssiges Holz« aus der Tube auf Pergamentpapier, stellen das zu kurze Bein hinein und lassen die Masse gut trocknen. Dann die überstehenden Reste mit einer scharfen Klinge entfernen und mit Schleifpapier nachschleifen.

Klemmende Schubladen

- Sie werden wieder leicht gleiten, wenn Sie etwas Kerzenwachs oder Seife auf den klemmenden Teilen verreiben.

Ist eine Schraube locker?

- Ein hölzernes Streichholz ins Loch stecken und abbrechen. Dann die Schraube wieder eindrehen.
- Einige Fusseln feiner Stahlwolle um die Schraubenrillen wikkeln, dann wieder einschrauben.
- Die Schraube eines wackligen Möbelknaufs vor dem Einschrauben mit Nagellack bestreichen. Wenn der Lack getrocknet ist, hält die Schraube.
- Schraube in Klebstoff oder Kitt tauchen, und sie bleibt fest.
- Sollten sich Metallschrauben an Ihren Haushaltsgeräten immer wieder lockern, geben Sie einen Tropfen Schellack vor dem Anziehen unter den Schraubenkopf. Das wird sie fixieren.

Schwierigkeiten beim Schraubenlösen

- Die Spitze des Schraubenziehers so stark wie möglich erhitzen, dann Schraube herausdrehen.
- Oder einige Tropfen Wasserstoffsuperoxyd auf die klemmende Schraube tröpfeln und einige Minuten einwirken lassen.

Damit der Schraubenzieher nicht abrutscht

- Die Spitze mit Kreide einreiben.

Sich immer merken!

- Nach links lösen, nach rechts zudrehen.

Einen verrosteten Bolzen lockern

- Ein verrosteter Bolzen läßt sich oft lösen, wenn man einen Lappen darumwickelt, der in ein kohlensäurehaltiges Getränk getaucht worden ist.
- Einige Tropfen Salmiakgeist lösen gut.
- Vor dem Zusammenschrauben mit Zwirn umwickeln und mit Vaseline gegen künftigen Rost schützen.

Klebeverbindungen lösen

- Essig in eine kleine Ölkanne füllen und reichlich auf die Klebeverbindungen tröpfeln, um den alten Leim zu lösen.

Haltbareres Schleifpapier und leichteres Schmirgeln

- Schleifpapier hält länger, arbeitet besser und bricht nicht so leicht, wenn es von hinten etwas angefeuchtet und dann um einen Holzklotz gewickelt wird.

Eine leckende Vase abdichten

- Die Innenseite mit einer dicken Schicht Paraffin überziehen und antrocknen lassen. Das Paraffin wird lange halten und die Vase dichten.

Sperrholz sägen

- Verhindern Sie das Splittern beim Sägen durch Aufkleben eines Streifen Klebeband über der Anschnittstelle.

Wie man einen Stahlpfosten in der Wand findet

- Halten Sie einen Taschenkompaß parallel zum Boden und rechtwinkelig zur Wand. Langsam entlang der Wandoberfläche bewegen. Die Kompaßnadel reagiert auf Stahl und verrät, wo der Pfosten sich befindet.

Keine Schnurprobleme mehr

- Die Enden einer Schnur mit Schellack oder Alleskleber einstreichen und sie wird sich nicht auflösen.

- Kunststoffkordeln oder -schnüre fasern nicht auf, wenn man die Schnittenden über einer kleinen Flamme schmilzt. Auch Knoten kann man auf diese Weise vor dem Aufgehen schützen.

Werkzeuge vor Rost schützen

- Ein Stück Holzkohle, Kreide oder einige Mottenkugeln in den Werkzeugkasten zum Absorbieren von Feuchtigkeit legen.
- Werkzeug mit Autowachs einreiben. Bereits ein dünner Überzug genügt, um lange Zeit vor Korrosion zu schützen.
- Oder heben Sie kleine Werkzeuge in Sand auf.
- Stahlwaren, die wenig gebraucht werden, wickelt man in Ölpapier als Schutz vor dem Einrosten.
- Gebrauchte Scheren und Werkzeuge werden wieder glänzend, wenn sie mit einer Masse aus einer kleinen Tasse Kleie und heissem Wasser unter Zugabe von zwei Löffeln Essig und einem Löffel Salz stark eingerieben werden; mit Wasser nachspülen.

Kein Quietschen mehr

- Verwenden Sie ein nicht klebendes Pflanzenspray für quietschende Scharniere, klemmende Riegel, Fahrradketten, Rollerräder usw.

Beim Schmirgeln und Schleifen

- Holzflächen zum effektiveren Schleifen erst anfeuchten, dann gut trocknen lassen.
- Ziehen Sie einen alten Nylonstrumpf über Ihre Hand und fahren damit leicht über die (Holz-) Fläche. Sie werden die kleinste rauhe Stelle feststellen können.

Tür klemmt

- Wenn die Tür klemmt, so reiben Sie die Reibflächen mit Paraffin oder Bohnerwachs ein.

Ein Leck im Gasrohr finden

- Die Rohre reichlich mit Seifenwasser einschäumen. Austretendes Gas wird durch Blasenbildung die beschädigten Stellen verraten. Vorübergehend kann man sie abdichten, indem man ein Stück Seife anfeuchtet und auf die Stelle preßt. Wenn die Seife verhärtet, wird sie das Leck wirksam verschliessen bis der Installateur kommt.

Andere Tips für den Heimwerker

- Ein bißchen Nagellackentferner reicht, um Tonbänder zu flikken oder zu verbinden.
- Für genaues Bohren in Metall erst ein kleines Loch mit einem Nagel schlagen, dann einen kleinen Bohrer verwenden und mit dem gewünschten Durchmesser fertigbohren.
- Beim Bohren in Hartmetall zum Schmieren einige Tropfen Terpentin statt Öl auf die Bohrstelle tröpfeln.
- Etwas Petroleum auf die Metall-Handsäge geben, und sie geht viel leichter durch das harte Material.
- Tauen Sie eine eingefrorene Wasserleitung entweder mit einem Haarföhn, mit einem Heizlüfter oder mit heißen, feuchten Umschlägen auf.
- Damit Schnee nicht auf der Schaufel haften bleibt, sprühen Sie sie vorher mit Wachs ein.
- Wenn Sie wasserdichte Pfropfen wünschen, tauchen Sie sie in Paraffinöl.
- Zum Bohren von Kachelfliesen klebe man vorher ein Stück Krepp-Klebeband auf die Bohrstelle, damit der Bohrer nicht abrutschen kann.

Keine Nagelprobleme mehr

- Nägel grundsätzlich schräg einschlagen.
- Größere Nägel gehen leichter in die Wand zu schlagen, wenn man sie vorher einseift oder mit Öl bestreicht.
- Sollen Nagelstellen unsichtbar bleiben, so sind die Köpfe mit dem Versenker zu versenken und die Nagellöcher zu verkitten.
- Will man Nägel in leicht spaltendes Holz schlagen, so kneife man vor dem Einschlagen die Nagelspitze ab.
- Um Nagellöcher in Holz zu füllen, mische man sich Sägemehl mit Leim zusammen und stopfe die Löcher damit zu.

Wie finde ich unter dem Anstrich die Nägel?

- Schrauben und Nägel, die überspachtelt und überstrichen werden, sind leicht mit einem Magneten zu orten.

Der Schlüssel dreht sich nicht mehr

- Einen Schlüssel, der sich schwer im Schloß drehen läßt, mit warmem Seifenwasser abwaschen und gut abtrocknen. Mit Paraffin einreiben – niemals mit Öl – dann geht es wieder wie geschmiert.

Ist da der Wurm drin?

- Holzwürmer vertilgt roher Holzessig oder eine Mischung von 5 Gramm Karbolsäure in 100 Gramm Wasser. Mit einem Pinsel wird die Flüssigkeit in alle Fugen gebracht.
- Man kann auch Terpentin, Spiritus, Salmiakgeist oder reinen Alkohol (96%) dafür nehmen.

Grünspan entfernen

- Halten Sie die Stelle über eine Spiritusflamme und erhitzen Sie sie stark, dann läßt sich der Grünspan anschließend leicht abreiben.

Gips mal lang, mal kurz

- Die Abbindzeit von Gips kann man durch Beigabe von Weinessig oder Zitronenkonzentrat erheblich verlängern.
- Zum schnelleren Abbinden fügt man etwas Salz dem angerührten Gipsbrei bei.
- Gips rührt man immer in das Wasser hinein, nicht Wasser in Gips, denn das gibt Klumpen.

Beim Bilderhängen unnötige Löcher in der Wand vermeiden

- Schneiden Sie ein Papiermuster von jedem Bild oder Spiegel aus, die Sie aufhängen wollen. Wenn Sie die richtige Position für die Aufhänger gefunden haben, markieren Sie mit Bleistift die Wand.
- Bevor Sie Nägel in die Wand schlagen, bringen Sie an der Stelle ein X aus durchsichtigem Klebestreifen an. Dieser Trick verhindert, daß der Putz beim Einschlagen des Nagels herausbricht.
- Manchmal ist es hilfreich, Wandstellen mit dem nassen Finger zu markieren. Der Fingerabdruck trocknet spurenlos.
- Kleine Nagellöcher lassen sich mit Zahnpasta schnell wieder füllen.

- Wenn der Vermieter keine Nägel in der Wand erlaubt, verwenden Sie Nähmaschinennadeln. Sie halten bis zu 12 Kilo aus.

Verrutschende Bilder sichern

- Etwas doppelseitiges Klebeband hinten an den vier Ecken des Rahmens anbringen und gegen die Wand pressen.
- Klebeband (klebende Seite nach außen) um runde Zahnstocher wickeln und einige davon zwischen Bilderrahmen und Wand klemmen.
- Um den Bilderdraht etwas Klebeband oder Heftpflaster wickeln. Der Aufhängerdraht wird dann nicht so leicht über den Nagel rutschen.

Rohe Bilderrahmen verschönern

- Mit gewöhnlicher flüssiger Schuhcreme einstreichen. Nach dem Trocknen des ersten Auftrags einen zweiten aufbringen. Dann mit einer guten Wachspaste einwichsen. Braune Schuhcreme gibt dem Holz einen Walnußton; rotbraun sieht wie Mahagoni aus, hellbraune Creme wie helles Ahornholz.

Jetzt helfe ich mir endlich selbst!

Die besten Tips fürs Auto

Autowäsche

- Statt Ihr Fahrzeug mit Wasser und Seife zu waschen, versuchen Sie's doch mal mit einem Eimer Wasser und einer Tasse Petroleum. Dann gut mit weichem Lappen nachwischen. Das beste daran ist, daß – egal wie schmutzig das Auto ist – weder vor dem Putzen alles unter Wasser gesetzt werden muß, noch hinterher gespült werden muß. Durch die Behandlung wird die Karosserie wasserabstoßend, und kann daher weniger leicht rosten. Auch das Einwachsen kann man sich sparen.

Schnell saubere Scheiben

- Soda beseitigt schnell Flecken und Straßenschmutz von den Windschutzscheiben, Scheinwerfern, von Chrom- und Metallteilen. Etwas Soda auf einen feuchten Schwamm streuen und wischen. Nachspülen.
- Benutzen Sie Kunststoffnetze (in die z.B. Zwiebeln oder Orangen verpackt waren), um die Windschutzscheibe von Fliegenrückständen zu reinigen. Einfach mehrere Netze in eins stecken und damit über die Scheibe reiben.

Rostflecken beseitigen

- Mit etwas zerknitterter Alufolie oder mit feiner Stahlwolle können Sie Rostflecken leicht von den Stoßstangen abreiben.
- Auch die handelsübliche, mit Seife getränkte Stahlwolle, eignet sich.
- Petroleum hilft ebenfalls.

Lackkratzer

- Falls Sie keinen farblich passenden Lackstift zur Hand haben, kann man auch Wachsmalkreide nehmen und den Kratzer ausbessern. Mit farblosem Nagellack festigen.

Teerflecken entfernen

- Teerflecke mit Leinöl sättigen bis sie weich werden. Dann mit einem weichen, mit dem Öl angefeuchteten Tuch abwischen.
- Wußten Sie's schon? Auch Erdnußbutter soll Teer entfernen.

Preisetiketten und Schildchen entfernen

- Schildchen reichlich mit heißem Essig einweichen. Vorsichtig kratzen. Mehr Essig darauf geben, bis das Schildchen weg ist.
- Auch mit Zitronensaft geht's.
- Oder geben Sie Salatöl drauf. Eine Weile einwirken lassen, wegkratzen.

Garagentips

- Fahren Sie an kalten Tagen Ihr Auto rückwärts in die Garage, so daß Sie im Notfall mit dem Starthilfekabel leicht an den Motor gelangen können.
- Hängen Sie einen kleinen Gummiball an einer Schnur so von der Decke, daß er die Windschutzscheibe berührt, wenn Sie die richtige Parkposition haben, um vorne nicht anzustoßen und hinten das Garagentor schließen zu können.
- Die Winter- bzw. Sommerreifen – vorne an die Stirnwand der Garage gestellt – ergeben auch eine gute Parkhilfe.
- Bei schmalen Garagen verhindert ein an die Längswände geklebter Schaumstoffstreifen, daß der Lack an den Türen abgeschlagen wird, besonders an der Fahrerseite.
- Bei vorspringenden Pfeilern in der Garage fertige man sich eine Leitplanke aus einem kräftigen Kantholz und befestige sie am Boden.

Möglichkeiten, Ihr Auto oder Fahrrad zu identifizieren

- Lassen Sie eine Geschäfts- oder Visitenkarte mit Name und Anschrift in den Fensterschlitz fallen.
  Nur für den Fall, daß Sie eines Tages beweisen müssen, daß es sich um Ihr Auto handelt.
- Falls Ihr Fahrrad gestohlen wurde, können Sie leicht beweisen, daß es Ihnen gehört – auch wenn die Fahrgestellnummer herausgefeilt wurde – wenn Sie vorher eine Visitenkarte im Rohr des Fahrradrahmen deponiert hatten. Schrauben Sie den Sattel dazu ab und ziehen ihn mit dem Rohr aus dem Rahmen. Wikkeln Sie die Visitenkarte fest um einen Bleistift und stecken sie in den Rahmen. Sie läßt sich als Beweismittel leicht wieder herausholen.

Zigarettenkippen

- Kippen, die im Autoaschenbecher weiterglimmen, sind gefährlich. Verhindern Sie dies durch eine dünne Schicht Natron (oder Sand) im Aschenbecher.

Schutz vor Batterie-Korrosion

- Batterie-Anschlüsse und Kabel mit einer starken Natron/Wasserlösung abschrubben. Dann mit Vaseline einschmieren.

Türen und Kofferraum vor dem Einfrieren schützen

- Gummidichtungen mit Talcum oder Glyzerin einreiben. Das wirkt wasserabstoßend und beschädigt die Dichtungen nicht. Die Behandlung ist besonders zu empfehlen, bevor das Auto im Winter gewaschen wird.

Eingefrorene Schlösser öffnen

- Den Schlüsel mit einem Streichholz oder Feuerzeug erhitzen. Nie mit Gewalt vorgehen. Vorsichtig Schlüssel im Schloß drehen.
- Man vermeidet das Einfrieren der Schlösser, wenn man sie im Winter vor möglicher Nässeeinwirkung (besonders vor dem Waschen) mit Graphitstaub behandelt.

Glauben Sie, daß ein Fön Ihr Auto anspringen läßt?

- Bevor Sie an kalten Tagen den Pannendienst anrufen, erinnern Sie sich an folgendes: Der Motor wird wahrscheinlich anspringen, wenn Sie mit einem Haarfön heiße Luft auf den Vergaser blasen. Wirklich ... das funktioniert!

Salz von den Teppichen entfernen

- Nach dem Winter entfernen Sie Streusalzrückstände mit einer Lösung aus gleichen Teilen Essig und Wasser.

Immer ein weiches Autoleder

- Hartgewordene Auto- und Fensterleder kann man wieder gebrauchsfähig machen, wenn man sie in lauwarmes Seifenwasser legt, dem etwas Salmiakgeist zugesetzt wird. Ohne nachzuspülen, hängt man das Leder zum Trocknen auf.

Eisfreie Windschutzscheiben

- Wenn das Auto im Freien steht, klemmen Sie entweder die Gummimatten aus dem Auto oder eine Plastikfolie mit den Wischern auf die Scheibe. Sie ersparen sich das Kratzen am Morgen.

Reserveschlüssel

- Ist es Ihnen noch nie passiert, daß Sie sich aus Ihrem Auto »ausgesperrt« haben? Der Schlüssel steckt im Zündschloß und alle Türen sind verschlossen? Wenn Sie einen Reservetürschlüssel haben, können Sie sich in dieser Notlage helfen.

Stellen Sie sich Ihr eigenes Frostschutzmittel für die Scheibenwaschanlage her

- Eine Mischung aus 1 Liter Spiritus, einer Tasse Wasser und zwei Eßlöffeln flüssigen Spülmittels ist bis −37° C frostbeständig.

Damit Sie nicht steckenbleiben

- Für den Fall, daß Sie in Eis oder Schnee steckenbleiben, legen Sie sich eine Packung Katzenstreu in den Kofferraum. Das ist eine prima Anfahrhilfe.

Wenn Sie steckengeblieben sind

- Wenn weder Katzenstreu, noch Sand oder eine Schaufel vorhanden sind, legen Sie die Fußmatten unter die Antriebsräder. Meistens bekommen Sie den Wagen damit alleine wieder flott.

Alphabetisches Stichwort-Verzeichnis

Notizen

Notizen

Notizen

HAUSBUCH

Als Band mit der Bestellnummer 66 004 erschien:

Anja Kleinlein (Hrsg.)

MÖGEN ENGEL DICH BEGLEITEN ...

Sprüche und Verse für das Poesiealbum

Der alte Brauch, ein Poesiealbum zu führen, ist bis heute erhalten geblieben. In diesem mit vielen farbigen Abbildungen illustrierten Band sind über 100 Sprüche und Verse zusammengetragen. Teils besinnlich, teils heiter und weise, bieten sie jedem, der um eine Eintragung in ein Poesiealbum gebeten wird, eine reiche Auswahl.
Viele dieser Sprüche und Verse lassen sich auch für andere Zwecke verwenden: als Einleitung von Ansprachen bei Geburtstags- und Hochzeitsfeiern sowie anderen Jubiläen oder – in ein wenig abgewandelter Form – für Widmungen ins Gästebuch.

BASTEI LÜBBE